U0111023

你的八字
我的塔羅

Brian Wong／夢璃 著

目錄

Part A

☾ ▦ 東方篇：八字的內功

Part B

☽ 西方篇：塔羅基本概念

Part C

☽ ⸬ 互參實例篇：情景問題和處理方法

序一

這書緣起

本來塔羅和八字是兩種完全不同的工具，一個來自西方，一個則坐鎮東方享譽世界多年，他們是如何碰上的？

這個可將時間回溯到筆者剛進入這一行時的有趣經歷……

大約在 2002 年是第一次接觸塔羅牌吧，當時只在一個飯局上初次遇到剛學塔羅牌學生，他正需要練習對象驗證知識，當時我身先事卒做實驗者打算挑戰這個東西呢，他經驗尚淺所以邊揭手寫的筆記，以不熟練的方式替我的問題解釋，解說過程絕不流暢但片言隻語已令我深深震撼。也令我立定志向研究這方面的研究下去！

但這時在香港完全是陌生的冷知識——沒有書籍、也沒有課程，只在書局零清出現日本風的類塔羅牌（為何加上「類」字，後述），學習資源極度缺乏……準備放棄之際最後靠當時流行的 newsgroup（用看系統內置電郵的加入群組，是現在討論區的初型，夠古老吧）內找到志同道合的朋友再研究下去——也在網友協助下買到第一本的中文塔羅書籍和第一副塔羅牌。

這東西像有魔力一樣的，每天不研究不行，每天不找人占卜就覺得欠了些什麼，下課後同學們就衝過來問事了，這些為什麼將來能從容面對眾多客戶的主因之一……而網絡上活躍的分享也帶來了一點點名氣和無私分享同路們，當中更遇到影響深遠的塔羅老師。

現在已退休的塔羅老師當時糾正了我十分多的謬誤外，也為我搭建了第一個舞台——成為駐場占卜師。

在咖啡店當駐場占卜師相信是最懷念的經歷，這一年多在保護下成長，經驗逐漸增加外也加強了自信心，還有定期的檢討也是當時最重點的禮物！後來為了挑戰自己選擇了香港最激烈的戰場——廟街作為獨立嘗試的經營地點。

2005 的廟街在經營上有大變化，當年開始對流動熟食小販採取零容忍的態度，嚴打下小販一大片小販絕跡江湖，同時間也讓出了一大片位置給新人進駐，我就是這個時間進駐這裡，一做就是就十多年了，歷史的因素決定了這街的特色——舊的位置是中國術數為主，新位置則以塔羅占卜為賣點，各有特點而互相包容。

　　起初只有我和小數的人是專注塔羅牌的，這時候易經占卦和靈雀占卜還是一個很大的主流，漸漸地我們開始熱鬧起來的時候，行家有留意到這個趨勢，把他們的塔羅牌拿出來了，這個時間真的不是很久，大約不到三年時間左右已經大放異彩！當時加上媒體和電影的吹捧塔羅問一些直接的事情已經深入民心了，所以後來加入的占卜師也開始有一些只會研究塔羅、或者以塔羅為主業的行家進駐這裡！如果以外國的情況他們是以西洋占星為主軸，問心地性或短期的事情以塔羅牌為根基，而香港卻是缺乏西洋占星的學習資源，最順手拿來就是八字的學習資源，所以開始形成這個現場塔羅牌加八字！

　　近年學習的朋友則把兩個東西分得較為清楚，學就是西洋占星加塔羅，術數專業則是風水加八字加易經占卦，完全把這兩個東西分開；所以塔羅加八字是一個時代的產物，也是香港較為獨有的現象，在廟街臨近拆卸的變天前希望能用文字記錄下來。

Brian Wong

序二

夢璃寫這書不是為了賺錢，也不是去為了取悅大眾。是真誠地幫助那些需要幫助的人，既因為我一貫以來都是抱持着這個心態，才能創作出各式各樣美好的作品，希望讀者從中得到好的裨益。

其實在夢璃寫此書前，考慮了一段非常長的時間，甚至乎萌生了放棄的念頭。因此在撰寫此書之初，也正巧是夢璃開發了另一盤新生意之時，所以才會拖到這麼久才能成書。

另外，夢璃其實在小時候已經聽說了嫲嫲可以看見死去的親人，但當時年紀太小，並不知道是什麼事，現在長大了回想起來才明白發生了什麼。無論如何，為了精益求精和深入淺出之外，也在取捨書中重點以及闡述方面顯得過度計較，而令到作品遲遲未能完成之外。也因為這本書充滿了玄學的知識，如果態度敷衍的話，恐怕會招人話語，想到這裡，又如何能不謹慎行事呢？

八字本身是一門藝術，而不是一門科學。夢璃正是想透過這本書中的實際例子來點出教導八字上的問題，因為瞭解八字其中一個重要的地方就是與時並進，將古時的智慧融合到現實生活當中。那樣大家才可以利用八字來作出真真正正對人生有意義和合適的判斷。

其實玄學八字的學術範圍為很廣，這本書只是一個基礎概念，對玄學有興趣的人便能以此作更深入的瞭解。但是，以玄學的博大精深始終以一本書的內容來滲透無疑是以管窺天，無法一一詳細道盡其中的變化，關於這一點希望大家多多諒解。

最後，也是最重要的，衷心感謝一直在夢璃身邊默默地支持和鼓勵我的親朋戚友。同時也要感謝一起合著的塔羅大師和萬里機構出版有限公司。如果沒有你們，這本書便不能面世，但願所有對玄學有興趣的讀者能夠從這本書中得到適當啟發而有所得益。

夢璃

Part A

東方篇：
八字的內功

☽ ::::: 1. 八字是什麼？

八字是以一個人出生的年、月、日、時再配合上天干及地支，組合成八個字和四條柱來作為基礎，和結合上流年、大運來推斷和計算人的各種禍福吉凶，因此它被稱為「四柱八字」。簡單來說，八字命學就是以一門以人的出生時間為依據，來預測和描述其整個人生命成長進程的一個學說。

八字中的五行學說

從宋代徐子平創立了「子平八字」學說後，其後不斷有更多的古代學者來深研，令到八字學說更趨完善準確。八字學說其實也是以中國傳統易學中的辯證哲學和思維來作為基礎與推演。它通過陰陽五行學說，分別用上木、火、土、金和水這五種天然元素的此消彼長，互相碰撞或融合後的能量增減，來推演出人的一生軌跡。而八字當中的格局更是分析人命中的重要框架，因為這種角度就是以研究人八字中的五行相互作用和分佈狀態來做基礎切入點的。

八字中的陰陽學說

由此可見，八字命理就是建基於陰陽五行學說，一個人出生時陰陽兩氣的旺衰便決定著他一生人的禍福吉凶和人生軌跡。在八字的推演過程中，陰陽的轉化是非常的常見，而由於干支的陰陽屬性的不同，八字是循著同氣相合和對立相剋的轉化規律。概括來說，當五行陰陽兩氣流通，那麼應該八字的命主運程和人生的道路上也會更見完滿和順暢。

八字是中國哲學上的成就

總括來說，八字命理學說是研究人的命運，是一門以人的出生時間為出發點，去描繪和推測人的生命過程的學問。若然再看深一層，命是靜態的，是人出生的時空結構，由四柱八字來具體標示出來的。而運就是動態的，是經由大運流年所影響演變的一個外部力量和環境因素。因此八字命理學就是在「天人合一」這種思想基礎上立足建構出來；人類和大自然的萬物是統一的，是不可分割的，也即是外部的大自然萬物也不斷和我們的人生發生著某種形式的互動關係，這就是我們中國八字在哲學的辯證邏輯思維上的偉大成就論說。

2. 八字中的十個天干

驟眼一看，八字學說可能會令人產生錯覺，覺得它非常簡單易明，皆因它只有區區八個字。但當中其實蘊含了很多很多不同的元素，包括陰陽、五行、天干及地支，其中的變化組合可謂千變萬化、奧妙無窮。因此，想研究八字的朋友，首先要打好根基、確確實實地學好八字當中的基礎知識，這樣才能正確踏上學習和瞭解八字的道路上。

八字天干逐個數

八字命理學中的天干地支是易學的根本，而且它是由漢字來寫的，因此具有類象的意義。在八字當中總共有十個天干，包括：甲、乙、丙、丁、戊、己、庚、辛、壬、癸，當中各有不同的屬性與類象。

甲木

「甲木參天，脫胎要火。春不容金，秋不容土。火熾乘龍，水蕩騎虎。地潤天和，植立千古。」

甲木是陽木，如同參天大樹，五常主仁。性質強壯及有惻隱之心，處事有情，負責，但有時卻缺乏應變能力。

乙木

「乙木雖柔，刲羊解牛。懷丁抱丙，跨鳳乘猴。虛濕之地，騎馬亦憂。藤蘿繫甲，可春可秋。」

乙木是陰木，如同花草，五常主仁。性質柔弱，生命力強及能屈能伸，但內心佔有慾、自卑心強和優柔寡斷。

丙火

「丙火猛烈，欺霜侮雪，能鍛庚金，逢辛反怯。土眾生慈，水猖顯節。虎馬犬鄉，甲來焚滅。」

丙火是陽火，如同太陽之火，五常主禮。其性剛健猛烈，熱情開朗以及朝氣過人，但其性常狂妄自大及好大喜功。

丁火

「丁火柔中，內性昭融。抱乙而孝，合壬而忠。旺而不烈，衰而不窮。如有嫡母，可秋可冬。」

丁火是陰火，如同燈燭，五常主禮。其性不剛不烈，思想細密和待人有情有義，但缺點是多疑，缺乏做事的衝勁和決心。

戊土

「戊土固重，既中且正。靜翕動闢，萬物司命。水潤物生，土燥物病，若在艮坤，怕沖宜靜。」

戊土是陽土，如同城牆，五常主信。其性穩重守信和實事實幹，但穩陣之餘卻見太保守和固執。

己土

「己土卑濕，中正蓄藏。不愁木盛，不畏水狂。火少火晦，金多金光。若要物旺，宜助宜幫。」

己土是陰土，如同農田之土，五常主信。其性謙卑不驕，依規循矩，卻欠缺量度和疑心頗重。

庚金

「庚金帶煞，剛健為最。得水而清，得火而銳。土潤則生，土乾則脆。能贏甲兄，輸於乙妹。」

庚金是陽金，如同刀劍，五常主義。其性剛烈硬朗和重義氣，卻好勝心頗強，常會衝動和好鬥。

辛金

「辛金軟弱，溫潤而清。畏土之多，樂水之盈。能扶社稷，能夠生靈。熱則喜母，寒則喜丁。」

辛金是陰金，如同金銀寶石，五常主義。其性柔弱，有內涵與耐性，但缺乏堅強意志，逆來順受及怕事。

壬水

「壬水通河，能洩金氣。剛中之德，周流不滯。通根透癸，沖天奔地。化則有情，從則相濟。」

壬水是陽水，如同江河之水，五常主智。其性剛健澎湃，處事積極及足智多謀，但性情有時卻喜怒無常及依賴性頗強。

癸水

「癸水至弱，達至天津。得龍而運，功化斯神。不愁火土，不論庚辛。合戊見火，化象斯真。」

癸水是陰水，如同雨水之露，五常之智。其性內藏、心思細密和心慈勤勉，但處事則氣魄不足，優柔寡斷及常鑽牛角尖。

☽ 3. 八字中的十二個地支

認識完八字中的十個天干後，接下來我們也一定要認識一下八字中的十二個地支。在天干中我們也能見到每種五行（金、木、水、火和土）也各有陰陽之別，因此它們的數目總共有十個。但在地支中，因為土加起來有四個，所以比起天干多了兩個，它們分別是：寅、卯、辰、巳、午、未、申、酉、戌、亥、子和丑。

寅木

寅屬陽木，類似天干的甲木。代表農曆正月如初春一樣萬物開始再生長的意思，引申出像高大的樹木和高樓等的關係。

卯木

卯屬陰木，類似天干的乙木，代表農曆二月。卯木如仲春一樣萬物從地上又冒生出來的景象，引申出像田園花草和彎曲的蔓藤等。

辰土

辰屬陽土，有東方木的餘氣而且帶點溫濕，代表農曆三月。辰土如同萬物得到舒展，引申出像田園、水庫和牢獄等。

巳火

巳屬陰火，類似天干的丁火，代表農曆四月。巳火如初夏一樣，萬物已成的樣子，引申出像燈火，思想和變化等的樣子。

午火

午屬陽火，類似天干的丙火，代表農曆五月。午火如仲夏一樣，萬物已到盛極和陰陽相交之位置，引申出像大火和熱情的動力等。

未土

未屬陰土，有南方火的餘氣而且乾燥溫熱，代表農曆六月。未土如同陽氣開始漸漸減退之時，引申出像公園、休閒和樓台等。

申金

申屬陽金，類似天干的庚金，代表農曆七月。申金如初秋一樣，萬物初具體形的樣子，引申出像鐵器、金融和司法等。

酉金

酉屬陰金，類似天干的辛金，代表農曆八月。酉金如同仲秋一樣，萬物已經開始成熟了，引申出像金器首飾、玄學和技巧等。

戌土

戌屬陽土，有西方金的餘氣而且溫燥，代表農曆九月。戌土如同萬物即將消滅殆盡，引申出像崗嶺、鬧市和高樓建築等。

亥水

亥屬陰水，類似天干的癸水，代表農曆十月。亥水如同初冬一樣，萬物收藏於土地之下，引申出像井泉、池塘和科技等。

子水

子屬陽水，類似天干的壬水，代表農歷十一月。子水如同仲冬一樣，萬物在土地之下開始慢慢滋生，引申出像河流，種子和根源等。

丑土

丑屬陰土，有北方水的餘氣而濕帶寒，代表農曆十二月。丑土如同萬物將要生長土地之上的意思，引申出像凍土、黑暗、陰冷和墳墓等。

🌙 4. 八字中的五行

在八字論命當中，五行學說佔了一個非常重要的地位，也就是說我們學習八字時，一定要多加瞭解和明白它們管箇中的理論。簡單而言，五行就是指五種自然的物質元素，分別是：金、木、水、火和土。從古書《尚書‧洪範》記載到：「五行：一曰水，二曰火，三曰金，四曰金，五曰土。水曰潤下，火曰炎上，木曰曲直，金曰從革，土曰稼穡。潤下作鹹，炎上作苦，曲直作酸，從革作辛，稼穡作甘。」不難見到先賢早就把握了五行的性質與特性，並利用五行的抽象元素來描繪出一個整體的循環結構與運行的關係模式。

五行的特質

五行的特質是源自於金、木、水、火和土這五種大地天然的物質，而且這五種元素符號所引申的事物狀態和意義，更是廣泛精深和博大無窮的。因此我們也要懂得五行的特質，才領略到更深一層次的八字論命。

金的特質：金曰從革。即指是變革，肅殺、能柔能剛的性質。也主義和剛烈的人和事物，便屬於金。

木的特質：木曰曲直。即指木性柔和仁慈和舒展，像樹林的一種自然的生長形態，也主仁和真的人和事物，便屬於木。

水的特質：水曰潤下。即指水具有滋潤、柔順和向下流的特性，也主智和聰明的人事物，便屬於水。

火的特質：火曰炎上。即指火有上升、溫暖和熱的特性，也主禮和急的人和事物，便屬於火。

土的特質：土曰稼穡。即指萬物也是依賴土以生長的，也主信和厚重的人和事物，便屬於土。

五行中的生剋關係

在五行之中，金、木、水、火和土之間互相發生生剋制化的關係。在相生那邊來說，有金生水、水生木、木生火、火生土和土生金，它們之間互相幫助生長，構成一個循環系統。在相剋那邊來說，則有金剋木、木剋土、土剋水、水剋火和火剋金。同一樣，它們之間各自互相牽制和剋制，從而使到每個五行都能保持適當的強度。

因此，五行整個循環系統中，能透過正常的生剋制化互動和循環往復作用，來使系統達到一個平衡和協調的效果，從而推動和引領著事情和人物千變萬化的發展與各式各樣的變化。

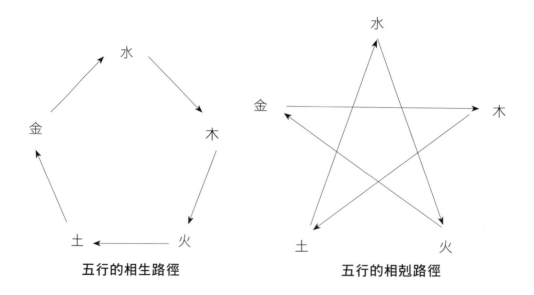

五行的相生路徑　　　　　　五行的相剋路徑

5. 八字干支的刑沖會合

八字是經由天干地支和它們之間相互的組合來組成其架構的。十個天干和十二個地支之間有著不同的獨特關係，並且有著生剋制化和刑沖合害等的互相影響。在古書有云：「天干專論生剋制化，地支專取刑沖合害」這正是反映著八字理論中的基本運作知識和根基。

干支運動的狀態

在八字的理論中，地支主氣靜及處於靜止狀態，因此地支與地支之間生剋制化的作用相對天干來説並不十分顯著，要使有刑沖會合的力量才能使地支有活動起來。相反來説，天干主氣動及處於運動的狀態，因此只要有生剋的外來力量，就足以令天干活躍起來。

天干的合化

天干的合化總共有五種，當中是由五行相剋的原理來推演出來的。因此每一種相合中，也是由一陽一陰異性來組合而成的，即合中帶剋和剋中見合，因此較為平靜和柔和。

1. 甲己合化土
2. 乙庚合化金
3. 丙辛合化水
4. 丁壬合化木
5. 戊癸合化火

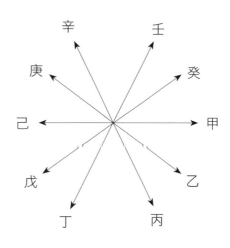

天干相合

天干的相沖

除了相合外，天干還有四種相沖。同理的是它們也是由五行相剋的原理來推演出來的，即也是由陰陽同性之剋及方位對沖而成，因此較直接和強烈。戊己土在方位上居於中間，因此並無相沖。

　　1.甲庚相沖

　　2.乙辛相沖

　　3.壬丙相沖

　　4.癸丁相沖

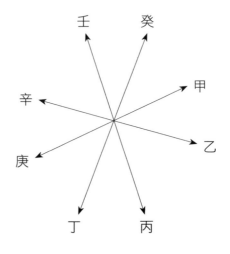

天干相沖

6. 地支的刑沖合害

在八字理論中，除了天干的合與沖外，在十二個地支之間也會產生著不同的互動關係。當中分別包括：三會、三合、六合、六沖、六害與三刑。這也是在學習八字基礎上不容忽視的一環。

地支三會

地支的三會局是所有合局力量中最強大的，而且也是一股十分強的氣勢和凝聚力。不過三會局一定要三者同時一起在地支出現，才能成立。三會局總共有四種：

1. **寅卯辰**：東方木
2. **巳午未**：南方火
3. **申酉戌**：西方金
4. **亥子丑**：北方水

地支三合

地支的三合局也是一股很強的氣勢，取自五行的長生、帝旺和墓庫所組成的，來標示著金、木、水、火和土各五行的起始、極旺與終結的三個位置。它們總共有四種：

1. **亥卯未**：化木
2. **寅午戌**：化火
3. **巳酉丑**：化金
4. **申子辰**：化水

地支六合

地支的六合除了是兩個地支之間的相合外，也關乎到它們因相合而產生出來的內裡生剋關係，因此六合對於兩個各相合的地支來說，也有著合旺和合剋的機會。

1. 子丑合化土
2. 寅亥合化木
3. 卯戌合化火
4. 辰酉合化金
5. 巳申合化水
6. 午未合化土

地支六沖

地支中的沖含有衝突、衝動和衝戰的意思。但沖也不一定是凶，當中也可以有主吉的沖，但逢沖則有人或事物的變動與改變。

1. 子午沖
2. 丑未沖
3. 寅申沖
4. 卯酉沖
5. 辰戌沖
6. 巳亥沖

地支六害

地支六害又別稱六穿，帶著不容、排斥和破壞的意思。在其地支上的互動關係重要性來說，則較合和沖來得低一點，因其破壞力多來自較長期和間接的影響。

1. 子未害
2. 丑午害
3. 寅巳害
4. 卯辰害
5. 酉戌害
6. 亥申害

地支三刑

地支的三刑具有相發、排擠和自刑的意思，而且刑的關係相對較複雜，因為常涉及到個人內心的掙扎。另外，只有地支才有刑的關係，而天干是沒有的，因此便有刑必及親的說法（因地支宮位代表著六親的關係）。

1. 寅巳申三刑
2. 戌丑未三刑
3. 子卯刑
4. 自刑（辰刑辰、午刑午、酉刑酉、亥刑亥）

7. 八字定格局

八字論命中取格局亦是一個非常重要的八字分析基礎。所謂的格局意思是比較整個組成八字結構中的五行力量分佈形勢，從中找出最有決定性和主導性的五行力量，再以代表這個主要五行力量的十神來為該八字定出格局。所以可以看出取格局即是找出命局中最有影響力的氣勢力量，並以此分析八字內部的運轉情況和結構關係。

正格與外格

綜觀現今世代中八字格局名稱可謂多不勝數，但其實上我們可以將它分為兩大類，即普通格局（正格）和特殊格局（外格）。在命理古典《滴天髓》中記載到：「財官印綬分偏正，兼論食傷八格定；影響遙繫既為虛，雜氣財官不可拘。」而當中為八字定格向所用到的十神即是日主與其他天干地支的陰陽五行關係性質的一個代名詞，當中包括：正官、七殺、正印、偏印、食神、傷官、正財、偏財、比肩和劫財。

八格正法取格

八字定格局是以月令主氣來取格的，餘氣（雜氣）是不可以用來立格的，還有比劫不能取格，和祿刃不在八格之內。因此八格正法分別包括：

1. **正印格**：即月令主氣是正印
2. **偏印格**：即月令主氣是偏印
3. **正官格**：即月令主氣是正官
4. **七殺格**：即月令主氣是七殺
5. **正財格**：即月令主氣是正財
6. **偏財格**：即月令主氣是偏財
7. **食神格**：即月令主氣是食神
8. **傷官格**：即月令主氣是傷官

格局的高與低

綜合而言，八字中的格局優劣高低是最主要取決於月令中的主氣力量能否和八字中其他元素組成最優化的配合，讓八字發揮到有效的制衡和引發機

制。只有那樣才可以真真正正地使到整個八字格局處於最流通、中和與清純的境界，才能堪稱為好和成功的格局。

☾ ∷∷ 8. 為八字定身旺弱

在子平八字算命中，定出八字日主是身旺還是身弱是非常重要的，因為身旺與身弱的八字所選取用的用神或喜神是相反的。身旺的八字喜用的是傷食，財與官煞等的異黨勢力，皆因身強能經得起剋、洩和耗。但身弱的八字情況就完全不同了，因身主本身就不夠旺，所以再不經不起剋、洩和耗，而要轉用扶身和幫手的自黨，即印和比劫。

日主身旺弱分析

古典《滴天髓》記載道：「能知旺衰之真機，其於三命之奧，思過半矣。」從中可見定出八字的強弱和掌握八字結構內的旺衰的重要性。定出八字旺衰強弱是分析五行命局的基礎，也即是研究日主（日干）這一個字和其他七個字所組成的內部生剋的影響關係。而我們自古流傳下來所用的斷定身強弱準則就包括三種：得令、得地、得勢。

1. 得令

這個也就是判斷日主是否身旺的一個最大為主的指標。得令的意思就是指在月支的五行是生助日主之五行，即是在月令的是印或者比劫，那樣該八字就是得令，也基本上可以說是身旺。

時	日	月	年
X	庚	X	X
X	X	申	X

例如：庚金日主生於申月（金）為之得令。

24

2. 得地

日主如果坐下地支多是生旺之氣，即多是印和比劫在地支，而且亦是通根和坐日主的祿旺和長生之地，也能令日主身強的。

時	日	月	年
Ｘ	癸	Ｘ	Ｘ
申	子	卯	亥

例如： 癸日主生於卯月雖不得令，但其他地支卻全是自黨印比劫（金和水），所以可以判定是得地。

3. 得勢

日主在整個八字中有較多生助日主的干支，尤其是以日主左右兩旁和坐下是自黨印比劫的話，那就可以判為得勢，即身強。

時	日	月	年
壬	甲	乙	Ｘ
Ｘ	寅	巳	Ｘ

例如： 甲木日主生於巳月，雖不得令，但左右身旁和坐下，皆是印和比劫（水和木），所以可以判定是得勢。

日主強弱與八字平衡

總結來說，定出日主的旺衰強弱確實是八字論命首要的第一個先決條件。從上面介紹過的三個審定準則，來判定日主是屬於身強還是身弱，從中找出該八字中的一方力量失衡點。

皆因八字論命的原則就在於日主八字的力量流通平衡，日主太強的時候，我們便應多加以抑制；相反若果日主是太弱的話，我們便應該多加扶幫，來達到八字五行力量中的平衡中庸之道。

9. 八字中的調候

其實一個人的八字命局就如天氣一樣,其暖寒亦要適中合宜,絕不能過熱過燥或者寒濕,那樣八字命主本身才能暢順和興旺。因此調候這個概念在八字上可謂十分重要,而它亦是我們在推算論命時不能忽略的一個部分。

調候的概念

調候是涉及到整個八字結構中在燥濕寒暖上的氣候問題,及其是否能夠保持平衡適度,也是八字其結構上與外圍大自然環境的關係流動。陰陽為萬物之本,在天干時為陽與動,其作用即是天氣的暖或寒。而在地支則為陰與靜,承受著天氣的轉化而蘊育大地萬物。

調候為急不可少

簡單來說,調候多數是指在八字中的燥濕寒暖的失去平衡。這種情況多數也會發生在夏季與冬季出生的人身上。故因夏天出生的人八字中的溫度會比其他的人為高,因此需要取水或濕土來作調候用神,來讓整個八字降溫,以達到溫度平衡的目的。相反來說,冬天出生的人八字中的溫度會比其他的人為低,因此需要取火或燥土來作調候用神,來讓整個八字升溫,以達到溫度平衡適中的目的。

五行平衡保命為上

最後也是最重要的一點是,有的八字在命局調候用神與五行平衡上的用神並不一樣,更有一些情況是剛好相反的。當我們在遇到這些八字時,應要以五行平衡的取用為優先,然後才在五行平衡的狀況下取用調候,那樣才能達到保命為先的效果與作用。

10. 八字中的空亡

　　空亡這個理論系統在八字論命中也是佔了一個重要的作用。顧名思義「空亡」的意思就是消失和沒有的意思。從甲子為開始的十個天干與十二個地支的順序配搭中，總會出現有多出的二個地支要輪空，而在這旬沒有出現的地支，我們便稱它為空亡了。

六甲旬空亡

　　甲子旬的空亡地支是戌和亥；

　　甲戌旬的空亡地支是申和酉；

　　甲申旬的空亡地支是午和未；

　　甲午旬的空亡地支是辰和巳；

　　甲辰旬的空亡地支是寅和卯；

　　甲寅旬的空亡地支是子和丑。

空亡的理論

　　八字四柱命局是以年柱和日柱的干支對照其他的干支來判定空亡的。八字中的某支空亡是指其力量暫隱藏而未能發揮到作用，但還是屬於命主本身所有的。只要待空亡逢合或遇貴人等便可以出空，那時所發出的力量會更大，對日干八字的整個格局顯出明顯有力的作用。

空亡的吉凶

　　空亡可說是個空蕩的星神，其本身並不主吉凶禍福的。簡單來說，凡命中所忌的凶星落入空亡則是應吉。相反來說，若是命中的吉星落入空亡則失吉了。另外，空亡的逢合或逢沖是吉或是凶，也是需要審視兩者的力量，但一般來說逢合是可減低空亡所帶來的不良影響，而逢沖則多是帶來凶上加凶的效果。

四柱的空亡

　　空亡在年柱：年柱是指一個人的 1 至 16 歲的運，凡於此柱遇空亡者，

多指命主早年運艱辛，未能受到祖上的良好照顧，須靠自己白手起家。

空亡在月柱：月柱是指一個人的 17 至 32 歲的運，凡於此柱遇空亡者，多指命主少年運差，在學業和手足兄弟之情上也受到波折和阻礙。

空亡在日柱：日柱是指一個人 33 至 48 歲的運，凡於此柱遇空亡者，多指命主中年運差，夫妻緣薄和家庭婚姻多波折困阻。

空亡在時柱：時柱是指一個人 49 歲之後的運，凡於此柱遇空亡者，多指命主晚年運差，容易陷入孤獨和困頓之境況，難享子女的福。

11. 八字的大運與流年

古語有云：「命好不如運好。」從中可以見到，除了一個人的八字本身格局高低很重要之外，另一個更重要的、決定人生好壞的因素，就是命主所行的大運與流年。簡單來説，八字命局是屬於一種靜態的分析，而當歲運與流年運行到八字中，就會產生不同的相互影響，從面形成了一種動態的分析。

八字中的命與運

命就如同一架車，而運就如同一條車行駛的道路。有好的命的人就像人出世時就是一架優質跑車，而壞命的人就像是一輛舊車。但好的跑車也不一定表現得好過舊車。最重要的還是有好的行駛道路讓其發揮，也即是要好的運。好的命還要加上好的運，就像跑車飛馳高速公路，一定快速和順利。相反來説，如果壞的命再行壞的運時，就像爛車行崎嶇不平的爛路一樣，必定極不順暢和苦不堪言。

大運定喜忌

通過大運流年與命局的配合，可以將命主八字的所有人生資料和訊息一一呈現出來，當中包括愛情、事業和財運等。八字當中一個大運管十年人生的吉凶，而大運的介入亦相應地令到八字的喜忌用神產生變化，因為大運的力量會使到命局中的八字有了一個五行力量的改變，因此會令到八字出現了一個新的平衡點。也即是説本來身強的八字也可變成身弱，本來從格的八字也可以變到不從。所以我們去推算八字禍福時，要懂得因應大運的不同，而為八字作出不同的論斷。

流年定吉凶

流年是管八字一年的吉凶，又稱為太歲運，是八字最有決定性的最高層次話事人。不過一個流年的吉凶還是需要配合大運一起來推斷的，不能以單看流年來論。概括來説，大運先改變了八字原局的五行力量平衡，然後流年再來時，就會在這個平衡點上再增加或減少八字中五行力量的平衡。假若來到的流年能將八字命局中的平衡程度提升，那麼這年該八字的命主便有好運行了。但若果相反來説，來到的流年將八字命局中的五行力量失衡程度提升，那麼該八字的命主那年便要走衰運了。

☾ 12. 八字與六親

在我們的八字四柱中，不但有命主的財運、健康和官運等的信息，而且還能知道六親的有關信息。這裡所説的六親主要包括：夫妻、父母、子女和兄弟姐妹，也就是命主的直系親屬。在八字論命中，推斷六親貴賤吉凶的信息最主要是參考十神星和宮位的對應位置。

十神與六親

十神	男命的六親	女命的六親
食神	岳父母	女兒
傷官	祖母	兒子
正財	妻子	父親
偏財	父親、小妾	父親
正官	女兒	丈夫
七殺	兒子	情夫
比肩	兄弟	姐妹
劫財	姐妹	兄弟

從上表中可看出十神在男命或女命中所代表的不同六親。簡單來說，六親星離日主最近，又或者愈旺的話，就對命主影響愈大。當中好與壞的影響是以六親星的喜忌來斷定的。一般來說，是喜用的就自然是有好的影響；相反，若果是為忌的話，就是有壞影響。

宮位與六親

	時	日	月	年
天干	兒子	自己	父親	祖父
地支	女兒	配偶	母親	祖母

同理，從上表中可看出六親在八字宮位所相對應的位置。不同十神六親星的是，宮位的喜忌表示了所對應六親的貧賤富貴，而六親星的喜忌則表示了命主和六親的關係和影響。一般來說，若該宮位是命主用神的話，則表示此宮位所代表的六親生活條件較好。但相反來說，若該宮位是命主忌神的話，則表示該宮位所代表的六親生活條件較差。

星宮同參斷六親

在推論命主六親貧賤富貴時，我們會以命主八字的星宮同參方法一同來推斷，也即是又要看宮位時，也又要看六親星吉凶，那樣才能更準確地去推斷的。大概推論如下表所示：

星	宮位	論斷
吉	吉	對命主有大助力，而且六親本身能力強
吉	凶	與命主關係好，但六親本身能力不強，助力有限
凶	吉	六親本身能力不好，但對命主來說不以凶論
凶	凶	對日主全無助力，並且六親本身能力弱

13. 八字看學業

　　我們一早就可以從八字中看出命主是否也是一位才智和學業運兼備的人。在八字十神當中，正偏印和傷食代表的正正是我們的智力和聰明敏度。食傷星則是指命主的能量所釋放和才智的對外流露，因為是我的比星生傷食。印星則代表著命主的一個吸收和學習的歷程，因為印星是生日主宰的。因此在八字原局中的傷食和印星主導了命主所有的才智和學歷高低，但如果要推算出命主的學業和讀書運，就一定要利用流年和大運一同來個參照，那樣才可以更準確地瞭解。

還需看喜忌

　　整體來説，正格身旺和從格的八字是以傷食來代表其聰明才智和學歷的高低。而正格身弱和專旺的八字則是以印星來代表其聰明才智及其學歷高低。

　　傷食星是命主的才智聰明所對外的發揮，也是其命局才氣所聚之星。因此若命主是以傷食為喜用的話，而傷食星又能通根透干和臨旺，又不見剋合沖刑，那麼就必定表示命主的頭腦聰明和足智多謀，所以一定有利於在讀書和學業上的發揮。

　　正偏印星是主學習和學業個人才華的高低。因此若其命主是以印星為喜用的話，而印星又能通根透干和臨旺，又不見剋合刑沖，那麼就必定主命主勤奮好學並且同時聰明有智，必定能在讀書和學業上有一番好成就。

流年大運的配合

　　綜合來説，我們在推算命主學業運時主要是看傷食和正偏印這兩種星。因為一般人求學的年齡主要是在二十多歲才大學畢業，因此我們看八字的時候，必須以頭三柱大運的吉凶來判定學業的成與敗。

　　命主若以傷食為喜用，再配合大運流年是行傷食和比劫運，則主其學業運應當尚吉，其學術上也定能有所成就；若大運流年行的是印和官運，則表示命主讀書運應凶，在學業上也許會面臨挫敗。

　　同理，若命主是以印星為喜用，再配合大運流年行印和官運的話，則命主學業運應吉，在學術上定能有所成就；相反來説，若流年大運所行的是比劫和傷食運，則表示命主的讀書運應主凶，即代表在學業上面臨挫敗。

14. 八字看職業

用五行來選擇適合自己的職業（選工五行大法）

什麼類型的職業才適合自己呢？首先，簡單來說，大家可利用本身的命格所喜用的五行（金、木、水、火、土）來選擇對己身有利的發展行業。例如：

命喜用金者，可做與金屬有關的行業，如金融、金飾、五金；

命喜用木者，可做與木有關的行業，如出版、製衣、種植；

命喜用水者，可做與水有關的行業，如飲食、水喉、酒店；

命喜用火者，可做與火有關的行業，如電影，廚師、消防員；

命喜用土者，可做與土有關的行業，如地產、土木工程、建築。

用十神來找適合自己的職業（選工十神大法）

當然，只用五行來選擇適合自己的工作，有時又未免顯得有些粗疏；因此，又可以使出另一套絕招，便是用十神來找對自己有利的工作。什麼是十神？即是以八字日主，與干支陰陽的生剋制化關係而定出來的，當中包括：正官、七殺、正印、偏印、正財、偏財、食神、傷官、比肩和劫財。當中的原理也是跟以五行來選擇工種一樣，只要找出對自己命格喜用的十神，便能在職場上發揮事半工倍的效用。例如：

命喜用正官者，就可做工職，如公務員、司法機構；

命喜用七殺者，就可做武職，如警察、軍人、醫生；

命喜用正印者，就可做文化事業，如學術研究、教育、宗教；

命喜用偏印者，就可做專門的行業，如藝術、發明、設計；

命喜用正財者，就可做保守的行業，如會計、財務管理、店長；

命喜用偏財者，就可做風險的行業，如證券、股票、房產；

命喜用食神者，就可做文藝行業，如演說、創作、美術；

命喜用傷官者，就可做藝術文化行業，如音樂、唱歌、表演；

命喜用比肩者，就可做自由行業，如教師、自僱人士、生意人；

命喜用劫財者，就可做自由職的行業，如從商、保險、投資；

選工結語

經過以上兩步，讀者對從八字玄學角度來分析選工的策略，應該有了大概的瞭解。總括來說，選工十神大法確實比選工五行法更能提供到一個清晰和指引性的方向，但大家當要緊記，從八字的角度來看，人所適合做的工作是會隨著歲運而改變的。逢不同的歲運介入，五行的力量也不同，因此會影響到自身八字的組合，令格局發生變化。所以大家也要在適當時候審視一下現在的工作是否適合自己繼續的發展，那樣才能將八字理論有效地運用到現實生活上。

15. 八字與傷病

生老病死可謂人生必經之階段，而在八字論命中也能透過對我們各自的八字結構分析，來推測出傷病的發生。皆因傷病死亡多是由八字命局中的陰陽失調和五行力量中失去平衡所引致。因此再結合大運和流年一起來看時，就能從八字中找出傷病的信息。

五行力量平衡與傷病

命理經典《滴天髓》中寫道：「五行和者，一世無災；血氣亂者，平生多病。」意思是說，一個人的八字五行力量平衡，彼此之間生剋制化的關係互動融洽調和，那麼命主便能一生無災無難。但如果八字中，五行氣勢反逆，力量失衡和流通不暢，那麼該八字的命主便一生多傷病。從中我們可以見到五行力量的流通和平衡對我們健康的重要性。

天干臟腑對應關係

在八字中的天干地支所相對應的人體臟腑位置中，我們大概可曉解到身體的哪一個部分會出現傷病。簡單來說，天干代表著人體的外面，而地支代表著人體的內部。而八字中的年柱是代表頭，月柱是代表胸，日柱是代表腹，時柱是代表下肢。從下表中我們可窺見一二：

五行	木		火		土		金		水	
天干	甲	乙	丙	丁	戊	己	庚	辛	壬	癸
臟腑	膽	肝	小腸	心臟	胃	脾	大腸	肺	膀胱	腎

推算傷病原理

在八字推算傷病中，我們結合干支、柱位和命局中最旺的五行和被最旺所剋的五行來表示出人體哪個地方最容易有傷病。舉例來說：如果丁火在月干受重剋，因為月干代表胸部和丁火代表心臟，那麼就必定是指出該八字的命主心臟會有問題。另外，要注意的是若命中忌神在天干，則表示其疾病是在身體表面，所以較易康復。但相反來說，若命中忌神在地支，那麼則表示其病已深入臟腑之內，而難於治癒。

☽ 16. 八字看婚姻

一般讀者問八字，除了對財運與健康這兩個課題最感興趣外，另一個常常關心的話題便是對婚姻的看法，這是涉及男女一生的重大事情。畢竟有關夫妻的姻緣也是來自大家在上一輩子所積累下來的福氣，因此我們當然能在八字中找到婚姻的相關訊息。

八字看婚姻的概念

一般來說，我們在八字中看婚姻時，要以星與宮位一同來判斷的。男命我們看的是財星，而女命我們看的是官星。另外，不論是男命或女命都是以日支為夫妻宮，所以推論到談婚論嫁之時，我們一定要看夫妻宮位，並且透過大運或流年，與本身八字有否牽動到（刑、沖、合、害）夫妻宮，來推斷命主的大婚之期。

夫妻星喜忌的影響

如上一段寫到，男命是以財星為妻，因此如果本身八字財星是喜用或喜用是有所生扶，則表示夫妻之間的感情會很好，應當會互相支持、扶助和鼓勵。

但相反來說，若果夫妻星是為忌的話，則表示夫妻之間容易產生不和與衝突。

　　而女命亦是一樣，不過看的是官星。如果本身八字官星是喜用的或喜用是有所生扶，則表示夫妻之間感情很好，應當會互相支持、扶助和鼓勵。同樣反過來說，若果是夫妻星為忌的話，則表示夫妻之間容易有不和與衝突。

夫妻宮位喜忌判斷

　　不論對男命或女命來說，夫妻宮也最好不要看見破害和刑沖，那樣夫妻之間才能夠較穩定兼且安靜和順。最好的是夫妻星到位，也即是男命妻星（財星）要在妻宮，而女命的話則要令夫星（官星）在夫宮，那樣配偶才能對命主有較大的助力與及好的影響。特別要注意的是若是日柱天干地支是相生的關係，則也主夫妻感情好；若日柱天干地支是相剋的話，則主夫妻不和與意見分歧。

17. 八字看財運

　　在命理八字理論中，我們還可以窺看一個人的貧富和財運。在命理古典《滴天髓》就有以下的記載：「何知其人富，財氣通門戶；何知其人貴，官星有理會。何知其人貧，財神反不真；何知其人賤，官星還不見。」因此從中我們可以瞭解到八字是以財星來看一個人的貧富。當然這並不是代表八字中的財星愈多便愈好，最重要的是看命主本身八字的整體結構與組合，是否能夠讓命中的財星對自身發揮良好的作用。

命中財星是喜是忌

　　十神中，財星包括正財與偏財。簡單來說，正財代表的是正常與固定的收入，例如人工收入等。而偏財則代表流動性較強的金錢，例如是投資、做生意等比較難以估計金錢的收入。我們在判定命主是否財旺時，最重要的因素便是看是否生旺在月令（門戶），看財星是否有力量、有情，以及有否被破害刑沖。相反來說，當我們在判定命主是否貧窮時，最主要看的是財星，若八字中財星是忌神者，也必容易被財所困的，但若財星為喜用，而無力抵擋破害刑沖，那樣也是主命主貧窮與缺錢的。

大運與流年同參

因此當我們在判定一個人是富或是貧，最重要的關鍵地方便是看財星在命中八字的喜忌組合，它是否對日主自身有助益及其助力會有多大。財星為用強而被生旺，以及財星為喜用而得生，也即是代表富有人家的指標。

當然命好也需要運好，因此我們也需要結合命主的流年大運來綜合一起參看。但其所判定的準則也是一樣的，若八字中財為喜用，如行生旺財星之運必也可致富，但如果行制財的大運，則難以大富大貴。相反來說，若八字中以財為忌，如行制財的大運就可以致富，但如果行生旺財星之運就必主貧窮及受財政所累。

18. 五行寄生十二宮

八字中的寄生十二宮

八字命理把一件事物的發展生長分為十二個不同的階段，而其中的寄生十二宮，就正是以人從出生到死亡的進階歷程來比喻象徵五行在十二個月當中的生死狀態，其中包括：絕、胎、養、長生、沐浴、冠帶、臨官、帝旺、衰、病、死和墓。

寄生十二宮與十天干

		甲	乙	丙	丁	戊	己	庚	辛	壬	癸
						十天干					
寄生十二宮	絕	申	酉	亥	子	亥	子	寅	卯	巳	午
	胎	酉	申	子	亥	子	亥	卯	寅	午	巳
	養	戌	未	丑	戌	丑	戌	辰	丑	未	辰
	長生	亥	午	寅	酉	寅	酉	巳	子	申	卯
	沐浴	子	巳	卯	申	卯	申	午	亥	酉	寅
	冠帶	丑	辰	辰	未	辰	未	未	戌	戌	丑
	臨官	寅	卯	巳	午	巳	午	申	酉	亥	子
	帝旺	卯	寅	午	巳	午	巳	酉	申	子	亥
	衰	辰	丑	未	辰	未	辰	戌	未	丑	戌
	病	巳	子	申	卯	申	卯	亥	午	寅	酉
	死	午	亥	酉	寅	酉	寅	子	巳	卯	申
	墓	未	戌	戌	丑	戌	丑	丑	辰	辰	未

寄生十二宮的不同狀態

從上表中我們可以看到十個天干與寄生十二宮不同的狀態關係，而這些狀

態也是對照天體轉動與世上所有事物的生死循環而斷定的，並且我們也可根據這些狀態的反映來推算事物運程的吉凶。

絕：這時萬物還不見實質形態，一切皆空，如同空氣一樣。

胎：天地之氣交合如新生命受胎之生氣，如同萬物開始成長之時。

養：又如胚胎還在媽媽肚中成長，如同一切還在準備的階段。

長生：像人剛剛出生一樣甚具生命力，如同一件事也正式實行發生。

沐浴：像人剛開始成長，還很容易受傷，就如同一個人對自己新的行為作出修正改變。

冠帶：像人剛長大成年之時衣冠漂亮，如同一個人要點出自己的美麗與德行。

臨宮：像人已成功長大考取了功名，有能力去享受自力更生的美果。

帝旺：又如人到壯年，發展到旺盛極點。

衰：又如人開始衰老，一切也開始走向下降衰落。

病：像人到老年時，身弱多病，又如所有事情也力不從心。

死：就像人到死亡時，所有皆結束，了無生氣。

墓：又如人死之後埋入墓中，為新一輪的受氣循環做準備。

☯ 19. 八字中的胎元

在八字算命中，胎元也是一個值得我們去研究的題目。胎元的意思就是指一個人受胎成人的月份，也就是一個新生命的開始。當母親懷有身孕的時候，五行之氣也會正正地影響和改變此新生人的命運，因此這個懷胎之月（胎元）其重要性可說是不言而喻的。

胎元的取法

在胎元的取法上也十分之簡單易明，因母親十月懷胎，所以從命主出生的月份往前數十個月便是胎元了。從六十甲子（天干地支）的取法來說，也即是從八字的月柱天干往後進一個位，而地支則往後進三個位。舉個簡單例子來說，如果命主的月柱是癸丑的話，天干的癸往後進一個位是甲，地支的丑向後進三個位就是辰，那麼該人的胎元便是甲辰了。

八字中的第五柱

胎元即是懷胎的時間，自然地對命主的命運有一定的影響力。胎元的作用能補充八字五行命局上的不足。胎元對於命主也是有著扶抑之能力，因為胎元可影響著八字四柱的生剋和制化，所以胎元又被稱為八字中的「第五柱」。

胎元看吉凶

另外重要的是胎元也顯示了一些先天的秘密因素，也即是可用來判斷一個人出生前的命運是好還是壞。總結一句來說，只要胎元能助四柱或能是喜用與遇吉星貴人，那麼命主的運程一定很好。相反，若胎元這柱與四柱相沖相剋，那麼必主命主運程坎坷與前程荊棘滿途。

🌙 ▋▋▋ 20. 八字中的命宮

在八字算命中，命宮也是我們不可不認識的一個題目。命宮指的是一個人命的歸宿，也是以我們出生的東方地平線所在的宮位代表主宰一個人的天賦才能與性格。因此對於判定一個人的運程吉凶也是會有其參考價值。

命宮的取法

一個人命宮的取法是建立於命主的月支與時支。以寅為一，卯為二，辰為三，巳為四，午為五，未為六，申為七，酉為八，戌為九，亥為十，子為十一，丑為十二。再以八字月支和時支兩數相加，如果兩者相加後不足十四，就以十四減去之，之後所得的餘數便是命宮地支。但如果兩者相加後超過十四，就要以二十六去相減，之後所得的餘數便是命宮的地支。

舉個例來說，若一個人是丑月未時出生的話，就是以十二加六等如十八，再用二十六減去十八，便得出餘數是八，所以其命宮地支就是酉宮。

命宮的吉凶斷

總體來說，命宮是宜旺不宜衰的，並且更加適宜與命主的年命五行相合相生，那才可判定有好命。相反若是命宮與其本身的八字有相刑沖破害，那麼必主命主運程凶多吉少，其因命主性格會傾向不能穩定，令到其事業人緣方面多

出現波折，最終影響命主的一生成就大小與富貴多少。

另外一點不能忽略的是，命宮所坐的十神也多代表著一個人一生最終的成就類型。簡單來說，命宮坐官則多與官職與官門有關係。而如果命宮坐財的話，則命主其一生多要與錢財打交道。不過當然的是，其當中的成就大小就要依喜忌力量大小而定了。

21. 八字與神煞論命

神煞的論命系統在八字中也是絕對有其存在和運用的價值。我們在進行算命的操作時，也不能忽略神煞系統，對在命理上吉凶所牽涉在內引起的作用。要知道在子平八字論命派中的神煞多是從斗數和天星派中演變過來，因此我們只要和八字的生剋制化互相配合來使用，便能在算命時提升準確度和效果。

種類繁多的神煞

八字中的神煞有多達幾百個，相信如果要大家記住所有的神煞，的確是有些困難。不過幸好的是這些神煞的名稱大多是望文生義，只要大家一看到神煞的名字便可判斷到其所表示的凶吉禍福，以下就列舉一些神煞的名稱給大家參考。

神煞中的吉神：

太極貴人、天祿、華蓋、紫微、天德貴人、朝元祿、食神學堂、生官、天乙貴人、將星、科甲、天蔭、官祿、天馬、金匱、福德秀氣、五行正印

神煞中的凶神：

十大空亡、天羅地網、天刑、六害、病符、大耗、沖天煞、伏兵大禍、月煞、三刑、五鬼、血忌、三丘五墓、掛劍煞、孤虛、天空

用神煞來論命

不能否認的是，自古流傳下來的神煞系統對八字算命定吉凶是一種有用的參考工具。在使用時只要能將神煞和八字的五行生剋制化來融合及參照，定能將事情定得更準確和精細，皆因神煞系統可推斷到吉凶禍福的類別來補足五行

生剋制化斷命不夠具體的缺陷。

　　總結一句來説，只要命主的八字本身很好，若能再遇上吉神吉星，那麼定能福從天來，好上再加好。相反來説，如果命主的八字本身已經是不太好，若再遇上凶神凶星，那麼必定禍從天來，差上再加差。

Part B

西方篇：塔羅基本概念

☽ ▦ 1. 什麼是塔羅牌

塔羅牌就是 78 張有系統的紙牌，塔羅牌所能做到的事不單單是占卜，也是一個和心靈溝通的工具，透過這個牌在刺激潛意識上的衝擊，和自己的內在直覺溝通。近來的研究者也會引用瑞典心理學家榮格（Carl Gustav Jung）所提出的原型（archetype）及共時性（synchronicity）理論來作為重要解釋（榮格除了是一個心理學家外，也是一個非常專業的占星學家），人類生活的經驗當中會出現共同認可的東西，如社會角色、經歷、象徵符號等，這些東西也會刻在潛意識當中，抽牌的過程會刺激當中的思維，成為問卜者和自己潛意識的溝通工具。

塔羅牌除了現在用於占卜之外，同時也是一件美麗的藝術品，而且有一些手繪的牌是有限量發行，所以有引起一些收藏家的注意。

☽ ▦ 2. 塔羅牌的歷史和演化

這個問題應該由塔羅牌的歷史開始講起，塔羅牌的歷史眾說紛紜；因為信史只能追到 1450 年，而這一個有系統的東西相信也不是憑空跑出來的。再往前，他的故事如何？

這個需要我們有更多的證據才能再研究了。第一副塔羅牌相信是在意大利米蘭出現，我們現在稱這副塔羅牌為 Visconti-Sforza Tarot，當時仍被稱為 Trionfi（il trionfos），牌的數目和我們現在的 78 張牌也不同；究竟是歷史久遠而缺失幾張牌，還是當時還沒有 78 張牌的概念，到現在為止還沒有清楚的答案，但可以肯定的是，當時的塔羅牌並不是以占卜為主要用途——因為占卜是 18 世紀開始的事。信史上第一本描述塔羅牌的書 Book of Thoth Etteilla Tarot，是由 Etteilla 撰稿寫並發行自家的塔羅牌。

近代塔羅牌第一個組織在 1888 年倫敦成立，名為 The Hermetic Order of the Golden Dawn（中文簡稱為「金色黎明」），這個組織所以推廣的知識可算是近代塔羅牌的重大推手，三副現在最流行的牌中，有兩副是出自這個組織的手筆！分別是偉特牌（Rider Waite Smith Tarot）、托特牌（Thoth Tarot）。本書的例子也是以偉特牌為主軸，因為這副牌的影響實在太廣，所有人對塔羅牌的第一個印象就是以偉特牌作為一個根基。這副牌在 1909 年發行

而最後風行全世界。當時學習塔羅牌的資源實在太少了，1911 年他做了一個創舉——出了一本重要的書 A Pictorial Key to Tarot。寫書的目的是打破了當時的師徒制，使塔羅變成人人可學習的知識。

到了 70 年代，在新紀元運動的熱衷下，靈性尋求成為一個較為重要的課題，塔羅牌是其中一個再重新認識的工具；同時也影響了塔羅牌系統以外的靈修工具出現，如奧修禪卡（Zen Tarot）、神諭卡（Oracle Cards）、天使牌（Angel Cards）、OH Cards 等不同的生命探索工具。

🌙 3. 大阿爾克那（Major Arcana）解讀

這是塔羅牌的主要部分，共有 22 張牌，這些牌的意思比較抽象，同時也是描述一個人從出生到死亡到轉化的經歷。對筆者來說，這牌的最大感覺是要順應天命，好好經歷當中的故事，也要接納當中的教訓。塔羅牌除了是一種看未來的工具外，也提供了一個學習人生的好機會。

● O（最初的虛無）
- 愚者（The Fool，狡猾之者）- 天王星

愚者，同伴或愚蠢的人（The Fool、Mate or Unwise Man）。

其實這張牌在大部分的安排中屬於一張密碼牌，數字為零。將它放置在整副牌的首張（其實也可算是最後的，這牌十分彈性），以數字為排列的假設，而且因為比較簡單，所以也是比較好的安排。而後來的演變是依照希伯來文字的順序，而對於能夠令人滿意地放置符號零在字母的順序中，顯然有些困難，因這些字母皆代表著數字。

這張牌的參考文字為希伯來語 א（Aleph，發音：Aleph），相當於數字「1」

（順帶一題，希伯來數字沒有「零」的存在），這字也代表風元素。困難與不合理的地方仍然存在。而事實的真相是，紙牌的真正排序從來都沒人知道。愚者帶著一個皮包，他的視線轉眼望過自己的肩膀，卻渾然不知自己正站在斷崖的邊緣；但是有隻狗或其他的動物——有時稱之為老虎（看哪一個系統吧）——正從後方襲擊，而他卻因此在不知不覺中奔向自己的毀滅。

這角色打扮訂為一個宮廷的小丑，戴著帽子、鈴鐺與五顏六色的服裝打扮。這個在當時是一個弄臣的角色，踏著輕快的步伐，猶如地球及其束縛無法對他產生控制力，這位年輕人身穿亮麗的祭袍，停在斷崖的邊緣，處在世界的高處；他眺望著眼前的藍色遠處，那是天空的延伸而不是下面的景色。

雖然此刻他是站立不動的，但仍可看出他熱切的步伐；他的狗仍在跳躍著。開展至深淵的邊緣並無可怖之處；就好似天使們會等在那兒接住他，如果他從高處跳躍時。

他的冷靜沉著，充滿智慧與期待的夢想。他一手拿著一朵玫瑰，另一手則是昂貴的權杖，倚靠在他的右肩上，並有奇異繡花的旅行袋。

他是來自另一個世界的王子，正旅行至此地，在早晨的光輝中，在熱情的空氣裡。在他背後照耀的太陽，知道他從哪裡來要往哪裡去，以及許多天後他將由其它路徑回來。他是在追尋經驗的心靈，許多的神秘事物的符號都記錄在這張牌上，並經由崇高的證明，推翻過去所造成的混淆困惑。

傳統關於愚者的解釋認為，他代表著肉體眾生與敏感脆弱的生命，並且在奇特的諷刺下曾一度被賦予「煉金術士」的旁名，描繪處在最愚鈍無理狀況中的愚蠢。

應用上的意義：

0.愚者

愚蠢，瘋狂，奢侈，狂喜陶醉，精神錯亂，狂熱，洩漏。

【逆位】疏忽，缺席，分配，粗心大意，冷淡無價值的事物，虛榮虛幻。

•I（萬物的開端）
-魔術師（The Magician，出發、發現、創造）-水星

古波斯僧侶，魔術師，或稱為變戲法的人（The Magus, Magician, or Juggler），丟擲錢幣的人或行走江湖的賣藝人，是庶民世界的騙術。在另一副重要的托特牌（Thoth Tarot）中，魔術師甚至出現了三個版本，因為作者直到離開世界前也捨不得做決定，可見這牌的重要性！

這張牌的參考文字為希伯來語ב（Bet，發音：Beth），相當於數字「2」，這字也代表水星。這是宗教刊物上的解釋，與塔羅牌算命中所運用的神秘符號的真正意義相似，其神秘的解釋是根據符號象徵系統的神秘科學而來的。

一位身著長袍且十分年輕的形體就是魔術師，有著阿波羅神的面容，帶著自信的微笑與閃亮的雙眼。

在他的頭頂上是一個聖靈的神秘記號，這個生命記號就像是由一條無盡的繩索繞成數字8的平行狀，除了8字外還可理理解為無限的意思∞，他的腰部纏繞著一條巨蛇，牠看來似乎要吞噬自己的尾巴。這與多數傳統象徵永恆不朽的符號相似，但是在這裡特別表示獲取靈性的永恆不朽。

在魔術師的右手是把權杖，被高舉著朝向天堂，同時左手是向下指著地面。這雙重的記號在制式神秘學裡是屬於非常高階的知識，它顯示合宜的美德、善行與光明是從上面的事物取得，而衍伸至下面的地球，所以整體的建議是聖靈力量與才能的擁有與溝通。

在魔術師面前的桌子上是塔羅牌的四種花色符號，代表著自然生活的四個要素，橫躺在這位高手的面前如同籌碼，而他也將之改造成自我的意志。

在下面的是玫瑰與百合花，野地裡的花朵、百合與金合歡都轉變成花園裡的花朵了，顯示出文化方面的志向。

這張紙牌意味著一個人的神性動機，正影射上帝，以及意志力從與天上的結合中釋放出來。這也是在所有階級的每個獨立個體的統一體，而且被認為是在一個非常高的意識，以其固定的狀態存在著。

這個神秘的數字被稱為耶路撒冷，那是一塊流動著牛奶與蜂蜜的土地，是聖靈與上帝之國土。根據馬丁教派（Martinist Order），8是代表耶穌基督的數字，轉一轉就是無限的意思∞。

應用上的意義：

1. 魔術師

技術，外交手腕，演說，精細微妙；疾病，痛苦，損失，災難，敵人的圈套；自信，意志；如果是男性，則只占卜問事者。

【逆位】醫生或治療師，東方三博士之一，精神疾病，丟臉的事，不安憂慮。

• II（陰陽）
- 女祭司（The High Priestess，女性的神秘）- 月球

女祭司，瓊安教宗或女主教（The High Priestess, the Pope Joan, or Female Pontiff）；早期的解讀者將這張紙牌視為「母親」或「教宗的妻子」，這是相反於符號象徵系統的。有時它用來代表著「神律」與「真知」，在此處，女祭司即相當於神的榮光（Skekinah）。

這張牌的參考文字為希伯來語ג（Gimmel，發音：Gimel），相當於數字「3」，這字也代表月亮。在她的腳邊有一道新月，頭頂上是角狀的冠冕，並有一個球狀物在中央，巨大的太陽十字架在她胸前。

　　她手裡的卷軸題著「Tora」的字，代表著上帝的律法、神秘律法與世界的第二意識，被她的斗篷半遮掩著，顯示有些事情是暗示的，而有些則是可說出來的。她坐在神秘殿堂的兩根黑與白的柱子之間——J與B，殿堂的帷幕就在她的背後，繡著棕櫚與石榴。

　　祭袍輕薄垂墜著，斗篷意味著亮光——微微閃爍著光輝。她被稱為神秘的科學，是艾絲女神聖殿（Sanctuary of Isis）的發端（原址在古羅馬），然而她實際上是神秘的教堂，是上帝與人類的居所。她是精神上的新娘與母親，星辰的女兒與崇高的伊甸園。

　　同時是帶來光明的皇后，是照亮全體的光。屬於由天上的母親所哺乳的月亮。

　　我們也可以理解是天上的母親，意思是，她就是光明本身的反射。在反射的概念下，她最真實且崇高的名就是「神的榮光」（Shekinah）——共存的榮耀。

　　根據猶太秘術教義，神的榮光同時在上面及下面。在上面的世界稱為「Binah」，這超凡的理解反映出對下面世界的散發狀態。在下面的世界則稱為「Malkuth」，為著這個原因，這個世界被認為是受祝福的國度，因其內在的榮光而受到祝福。依神秘學的說法，神的榮光就是一位正義男子的精神上的新娘，當他閱讀律法時，她就會提供預言。

　　根據這些觀點，這張紙牌是大阿爾克那牌中最崇高且神聖的。

應用上的意義：

2. 女祭司

秘密，神秘事物，尚未揭露的未來；若為男性占卜問事者，則是使他產生興趣的女人；若為女子則占卜問事者是指她自己；靜默，頑強堅持，神秘事物，智慧，科學。

【逆位】熱情，精神或肉體的狂熱，自滿以及表面的知識。

Sanctuary of Isis 現況

• III（愛、生命、和平）

- 皇后（The Empress，包容、豐收、豐腴）- 金星

皇后（The Empress），有時會以正面全臉呈現，儘管其對應紙牌「皇帝」是側面的。有些人認為對這牌應加上不同點給予象徵的意義，但是認為這並無任何精神涵義的說法，似乎是比較令人滿意的。「皇后」與多產豐收的概念相關，通常是針對某個活動而言，按現代的講法，以租金為收入的投資也可以算入這牌的伸延意義。

這張牌的參考文字為希伯來語ㄒ（Dalet，發音：Daleth），相當於數字「4」，這字也代表金星。一位莊嚴高貴

的人物端坐著，面容親切慈善，神情態若，具有王室的貴氣，又有和善的親切與周圍的大自然融為一體，身上穿著奢華的紅花白底的祭袍，是天與地的女兒。

她的冠冕由十二顆星星串連著，散發獨有的尊貴氣息，她穿的祭袍有黃色領子，給人熱情和熱力，而白底上的紅花則代表滿滿的愛。

靜置在她座椅旁的盾牌上有維納斯的金星符號⊕，象徵女性的溫柔，以及豐饒的物產，在座椅四周是滿地成熟的穀物，白色與黃色交錯的稻穗，給人歡樂的豐收感，上方，遠方還有森林和流水。

她手裡的權杖頂端是一顆地球。她是下方的伊甸園與世俗樂園，一切皆由人類的居所得到象徵。她並不掌管天堂的神祇，但卻是人類心靈的避難所，更是萬物多產的母親。也有些特殊的觀點認為，她的正確說法應該是慾望與其翅膀，因為她是身披太陽的女人，是世界之光與至聖所。

她最重要的是繁殖的意象，與世界的外在感官。透過種植而豐收就是這暗示了。

應用上的意義：

3. 皇后

豐收，行動，主動進取，時間長短；未知的事物，暗中秘密地；困境，懷疑，無知。

【逆位】光明，真相，解決所涉入的事物，公開的慶祝；另一種解讀說法，猶豫躊躇。

● IV（四大元素）

- 皇帝（The Emperor，自我的權利）- 白羊座

皇帝（The Emperor），他握有埃及十字型（Crux ansata）——象徵著永恆的生命的權杖手裡有顆球體物。

這張牌的參考文字為希伯來語 ה（Hey，發音：Hey），相當於數字「5」，這字也代表白羊座。他是位戴著王冠的君主，居高臨下且莊嚴地端坐在王位上，扶手前端是公羊的頭像，給人莊嚴穩重的形象。

他是執行與實踐者，掌握著全世界的力量，在此他穿著最崇高象徵的衣飾，全身紅色的袍子，散發尊貴的至高氣質，更代表最大的權力。

座椅上的公羊頭，同時呼應了皇帝牌對應的火元素，而火元素所代表的就是領導，勇敢，熱情，有野心，與皇帝君臨天下的特質不謀而合。

他有時會以坐在立方石頭的方式呈現，而非端坐在石椅上，這代表隨時行動的準備。

他以一個特別是男性的形象來表現，也表示更高的君主身份，是擁有著智慧的君王。這裡指的是思想上的貴族身份。兩者的性格，依他們的行為是「充滿著奇怪的經驗」，但卻不是有意識地來自更高世界的智慧。

應用上的意義：

4. 皇帝

穩定，權力，保護，實現；偉大的人物；幫助理性，說服力；權威與意志。

【逆位】仁慈善心，同情憐憫，信譽，面對敵人的混亂困惑，妨礙，不成熟。

• V（平均的力量）
- 教宗（The Hierophant，知識與道德）- 金牛座

教宗，或稱為神職者（The High Priest or Hierophant），也稱為心靈之父，更普遍且明顯的是稱教宗。除了宗教力量外也加上了俗世的權力，可以說是獨斷專制的稱謂。人物身上的衣飾佩章是代表著羅馬教宗，這個和女祭司的權力上有明顯分別。

這張牌的參考文字為希伯來語 l（Vav，發音：Vav），相當於數字「6」，這字也代表金牛座。他頭戴三重王冠坐在兩根柱子之間，三重王冠代表身、心、靈三種層次的世界，而兩根灰色的柱子則是尚未開啟的通往潛意識之路，但這裡不是女祭司所看管的那些聖殿之一。

他右手指向上天，有祝福之意，左手持權杖，有神聖與權力之意。他的前方有兩支鑰匙，一支金色，一銀色，象徵陰陽、日月、外在和內在，其寓意是如何將兩者完好的結合。

在他的左手中握著一支權杖，末端是三重十字架；同時他的右手做出基督教會知名的手勢，代表秘傳，區分出教義中揭露的與隱藏的部份。

由此可以發現其與女祭司沒有任何手勢之間的關連。在他腳邊是成交叉放置的鑰匙，面前跪著兩位身著白麻聖職衣的教士。

他經常被稱為教宗（Papa），這是他應用在更一般的職務上的象徵。他是外部宗教的領導力量，正如女祭司代表著秘傳領域的主要精神與內在力量。

他是將神的恩典帶到制度世界的管道，區別於自然界，同時他也是多數人類救贖的領袖。他是受認可的僧侶集團的秩序與領袖，這反射著另一個更崇高的階級秩序。

應用上的意義：

5. 教宗

婚姻，結盟，束縛，奴役；根據另一種說法，慈悲與善良；靈感；占卜問事者所求助的對象。

【逆位】社會，良好的理解，和睦，過於友善軟弱。

• VI（天地的調和）
- 戀人（The Lovers，上天的祝福）- 雙子座

戀人或婚姻（The Lovers or Marriage），由十八世紀所研究的考古學的研究首次為世人所知，確實是張婚姻生活的紙牌，圖案有著父母親與他們的小孩在其中；上方是異教徒邱比特攜箭飛翔。因為邱比特是屬於愛情的開始，守護著愛的果實，而不是出現在愛情的成熟階段。

這張牌的參考文字為希伯來語 ד（Zayin，發音：Zain），相當於數字「7」，這字也代表雙子座。太陽在天上閃耀著並向下傾瀉著影響力，其下方有個長著翅膀的巨大形體。

前景是兩個人類的形體，男與女，彼此未著任何遮蔽物，就如同亞當與夏娃第一次在天堂擁有世俗的肉體般。

夏娃背後的知識之樹上，纏繞的蛇，在這裡可代表智慧，也可代表慾望和誘惑，是一種來自於潛意識的誘惑，亞當背後的生命之樹上，有十二顆水果，也代表著慾望之火。

這些形體代表著在受到粗俗物質與慾望污染以前的青春、純潔、天真與愛。

簡而言之，這張牌就是人類的愛情，在這裡展現部份的情況，既真實且生動。

亞當和夏娃背後是風之天使拉斐爾，風元素的重要特質是溝通，顯示兩人必須重視彼此的溝通。而拉斐爾身後有一個佔滿天空的黃澄澄大太陽，則象徵兩人的結合充滿愉悅歡樂的能量。

兩人的背後有一座山，其代表意義一說是思想的豐饒果實，另一說則是代表高峰的極樂感受。有時這張牌的出現是官能上的刺激而發生的關係，也暗示這關係不一定有長遠計劃。

應用上的意義：

6.戀人

吸引力，愛，美麗，克服的試煉。

【逆位】失敗，愚蠢荒繆的構想。另有種說法提到失意的婚姻，與所有事物的相反對立。

• VII- 戰車（The Chariot，熱情）

- 巨蟹座

戰車（The Chariot）。在一些現存的法典中，這張牌是以兩隻人面獅身像呈現，且裝置設備與符號象徵系統相同一致，古代白馬是套上枷鎖與戰車連結。至於名稱的部份，通常數字越少代表越偉大；這張牌確實是皇帝在勝利凱旋的慶典中的典型模式，這是個人努力成功後所得到的嘉許，而不是如同第四張牌，王位是經由授予而來的。

這張牌的參考文字為希伯來語 n（Teth，發音：Het），相當於數字「8」，這字也代表巨蟹座。

一位直立著的尊貴人物，攜帶著一把出鞘的劍駕著兩隻人面獅身獸拉著的戰車。這兩隻人面獅一黑一白，代表陰與陽，也代表嚴厲與慈悲，具有相互輔佐和相互平衡的作用。

他的手上拿著權杖，象徵意志和力量，頭上戴著八角星頭冠，象徵統治，還有桂冠象徵勝利，身穿盔甲，盔甲上有月形肩章，胸前有象徵土元素的四方形圖案，還有戰車前方的翅膀圖案代表靈感，盾牌裡的紅色圖案是男性與女性生殖器的組合象徵，代表陰陽的結合。

在這位勝利英雄的肩膀上應該是烏陵與土明（希伯來語：אוּרִים תֻמִּים）──烏陵代表著光，火；土明則代表正直，純真，誠實，完全，全句引申為「啟示和真理」。他帶領著被囚禁的俘虜；他是所有領域的征服者在心智、科學、發展以及某些創始的嘗試。他因此回擊了人面獅身像，所以成為兩個人面獅身像拖著他的戰車。他在心智上，是凌駕萬物的勝利。

應用上的意義：

7. 戰車

救援，遠見；戰爭，勝利，冒昧放肆，報復，麻煩

【逆位】騷亂，爭吵，爭執，訴訟，戰勝後被擊敗

• VIII（力量的穩定）

- 力量（Strength，支配）- 獅子座

也可解為堅毅（Fortitude）。這是天主教最基本重要的價值觀之一，這個具有比較理想的象徵意義，同時也是力量的表現，是此牌常用的解讀，同時傳達統治的想法。這個人物亦被認為代表著組織的力量、道德力量，以及所有信條主義的力量。

這張牌的參考文字為希伯來語 ט（Tet，發音：Teth），相當於數字「9」，這字也代表獅子座。一個女人，頭頂上籠罩著相同的生命記號，我們在魔術師的紙牌已見過了，她正要閉合獅子的口——她的態度是平靜的，溫柔的，和善的，就像以柔克剛似的，用柔軟的力量化解剛烈的強硬。

她的頭上有一個倒 8 的符號∞，這個符號象徵無限大的力量，也就是說她的力量是無窮的，天地之間的能量都可為她所用。

她頭上有一個美麗的花圈，腰上繫著花環，全身散發一股柔順的平和之氣，即使面對張開大嘴的獅子亦無所懼，反而有一種輕易就扭轉局勢的無窮之力。

獅子的身體微微傾斜，順勢壓低，尾巴低垂，表現出已被女人馴服的模樣，毫無抗拒之感，整體畫面一片祥和。

這裡與傳統的表現方式唯一不同之處是，她的慈善堅毅已經降服了獅子，並以花圈帶領著。

以往塔羅牌是數字 11 用來表達的，但這次則反傳統用數字 8 的正義牌交換位置了。因作者認為更能表達當中救贖的意味。

堅毅是人性中崇高的觀點；這項美德當然適用在任何領域，因此可利用在所有的象徵主義。它亦與天真，純潔，以及存在沉思冥想中的力量有關。

這張牌與一般所認知的自信並無關係，而是力量來自於上帝、並找到上帝

成為庇護所的人所擁有的自信。

另外，圖象上的獅子代表熱情，而稱為力量的她則是解放地的更高存在，走在角蛭與蜥蜴上並踩著獅子與龍。

應用上的意義：

8. 力量

堅毅，精力，行動，勇氣，寬宏大量；徹底的成功與榮譽。

【逆位】專制，濫用權力，軟弱，爭吵不和，有時甚至代表恥辱或丟臉的事。

• IX（調和大三角）
- 隱士（The Hermit，知識）- 處女座

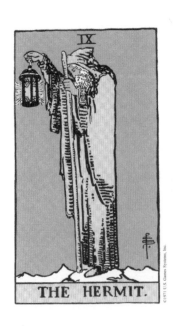

隱士（The Hermit），在紙牌上採用其最普通的語法稱呼；也可稱呼為聖人（Sage）。據說他在尋找著「真理」，它遠位在這系列紙牌之後，而「正義」牌已優先在尋找的路上。

這張牌的參考文字為希伯來語，（Yod，發音：Yod）相當於數字「10」，這字也代表處女座。然而，這是一張代表達成而非僅是探索尋找的牌，往後我們就會明白。而且據稱，他的提燈有著「神秘科學之光」，他手裡握的權杖是支魔杖，擁有帶往真理的能力。這就如同一個人，他內心知道所有的路皆指引至高點，且上

帝就在所有高點的至高處，是否該選擇地獄之路或是無知之途，做為抵達目的之途徑。關於神聖的事物，你是無法只憑尋找而獲得：這是供需的原則問題。

這張紙牌唯一與傳統模式不同的是，油燈並非半遮掩在提燈者的斗蓬裡，他融合古代的思想與世界的光。一位老人站在山巔之上，四周環境盡是冰天雪地，空無一物，在這浩瀚的天地裡，只有老人的存在，透露出自我堅持的強烈訊息。

他穿著灰色斗篷，手裡高舉著一盞燈，像是要照亮前路，而這盞燈象徵的就是真理，一顆六角星在油燈裡照耀著，代表的則是潛意識之光。

老人的左手拿著拐杖，而且是一支黃色的拐杖，與油燈裡閃耀的星星相互輝映，在灰白的世界之中，更顯鮮豔明亮。

這是一張知識的牌，延伸這樣的概念，畫面裡的人物在高處高舉著指路明燈。

應用上的意義：

9. 隱士

審慎，謹慎；又特別指背叛，掩飾虛偽，欺騙墮落腐敗。

【逆位】隱瞞，偽裝，政策手段，恐懼，無理的警告。

• X（宇宙的基礎）

- 命運之輪（Wheel of Fortune，天使與魔鬼）- 木星

命運之輪（The Wheel of Fortune）。

藍色天空的四邊有四個角色，分別代表風水火土四種元素，人是水瓶座（風），老鷹是天蠍座（水），獅子是獅子座（火），牛是金牛座（土），他們都在以閱讀來增加自己的智慧。

這張牌的參考文字為希伯來語כ（Kaf，發音：Kaph），相當於數字「20」，這字也代表木星。輪盤左方有一隻正往下的蛇，象徵向下沉淪的黑暗世界，右邊背著輪盤的胡狼頭動物，則代表渴望向上的企圖。輪盤的四個方位分別有 TARO 四個字母，Rota（輪），Orat（說），Tora（律法），Ator（哈托爾女神），也就是「塔羅之輪述說哈托爾女神的律法」。

塔羅「Taro」的音譯字「Rota」印寫在輪子上，與神聖的名字交錯著，顯示上帝皆存在所有的過程中。但這是在內部給予神性的意圖，在外部的相似意圖是以四個活生物為例。有時，人面獅身像會以伏蹲在上方的座枱方式呈現，這是藉由廢除動態中的必要「穩定」要素，欺騙符號象徵系統。

在符號的一般見解陳述背後，隱含著否定機會，並暗喻宿命的意思，出現這牌時順應變化是聰明的方法。

應用上的意義：

10. 命運之輪

宿命，命運，成功，提升，幸運，幸福

【逆位】增加，豐富，奢侈品。

• XI（不完整）
- 正義（Justice，公平的真理）- 天秤座

正義（Justice）。這張牌的參考文字為希伯來語ㄥ（Lamed，發音：Lamed）相當於數字「30」，這字也代表天秤座。這第十一張牌的女性形象，據說是正義女神亞斯特莉亞（Astraea），她是這個美德的擬人象徵，並且由相同的符號代表。

儘管有著俗人的愛神邱比特，這張塔羅牌並非羅馬或希臘神話。其正義的表現應是四種基本美德之一（注：節制，審慎，勇氣和正義），所以出現在大阿爾克那紙牌系列之中。

一名女性穿著大紅色的袍子，袍子上有一條綠色披肩，頭戴著金色帽冠，端坐在石椅上，感覺四平八穩。

她的綠色披肩由一個方形釦子扣著，方形釦子中間是個圓形，象徵火土風水四元素的和諧性。她的金色帽冠上有四方形的寶石，再加上三個方頂，會得出七這個數字，它代表金星，是占星學中天秤座的守護星，同時代表正義之意。

她的右手高舉著象徵決心和公正的寶劍，意指用理性和智慧來揭穿一切不實的虛幻和謊言，但寶劍終究是有殺傷力的，如水可載舟亦可覆舟的道理，寶劍可用來行善，也可用來行惡，就看使用者的心態和意圖。她的左手拿著天秤，象徵她正在評估，衡量，為下某個決定而思考該如何平衡。

她的後面有一塊紫色帷幕，代表隱藏的智慧，而帷幕旁的兩根柱子分別象徵正面和負面的力量，讓人學習思考該如何安然生存其中。

圖中的人像坐在兩根柱子之間和女祭司一樣，因此，似乎想要表示出這個道德原則適用於所有的人應用在自己的工作上，當然它與更崇高的事物有絕對的類同性，儘管如此，卻在本質上不同於涉及選擇概念的精神正義。

後者屬於上帝的神秘秩序，這樣的美德得以使某些人懷抱著信念要奉獻給

至高無上的事物。其運作有如聖靈的呼吸，且我們沒有任何有關於此的評論標準或解釋的根據。

這就類似詩人擁有優雅，崇高與優美的天賦才能：我們擁有它們與否，它們的存在如同消失一樣地神秘。正義的律法無論如何皆非兩者之一。

總言之，正義的支柱向一個世界展開，女祭司的支柱則是面對另一個世界。

應用上的意義：

11. 正義

公平，公正，誠實廉潔，執行者；在律法中值得獎賞方面的勝利。

【逆位】法律的所有部門，法律方面的複雜層面，偏執頑固，偏見，過度嚴厲。

• XII（終點）

- 懸吊者（The Hanged Man，自我犧牲）- 海王星

懸吊者（The Hanged Man）。這牌普遍的解釋，他代表著犧牲，然而現今所有針對此牌的解讀，都是憑著紙牌占卜者的直覺而來的，這牌的表象是被吊起，在身體不自由的情況下思考自己下一步的路。

這張牌的參考文字為希伯來語 n（Mem，發音：Mem），相當於數字「40」，這字也代表水元素。十八世紀流傳塔羅牌的預測未來者，描繪出一個身穿男用無袖緊身衣的半女性青年，以一隻腳垂掛著，鬆散放蕩地連結在一根矗立在地上的短木樁。

　　一名男子倒吊在一棵字形的樹上，他兩手都放在身後，遠看這個畫面，就像一個三角形。他的兩隻腿交叉著，形成十字，而這個十字和三角形組合起來，就是古代煉金術的符號。

　　男子將自己的身體與樹結合，呈現煉金術的符號，象徵著低層次慾望向高層次慾望轉化的過程，也就是一種靈魂的提升。

　　男子身上的紅色褲子代表「身」，藍色上衣代表「心」，金髮和光環代表「靈」，一併將肉體、慾望、知識、智慧、心靈等全數涵蓋，而他的金色鞋子則象徵欲追求的崇高理想。男子身後的樹，是生命之樹，由代表潛意識的地獄開始生長，經過代表意識的地面，直達代表超意識的天庭。

　　他懸掛在絞刑台上呈現 T 字型，而整個形體自腿部份的位置呈現十字形，有圈光輝圍繞著他的頭好似一名殉教者。

　　這是張蘊藏深奧涵義的牌，但是所有的涵義都被掩蓋住。

　　它一直被誤認為是代表殉教、謹慎、偉大工作或義務的牌；而且是神學與宇宙之間的關係。而本質就是和大地連結順應天命，也將會接收到關於一個偉大覺醒的暗示，並且知道在莊嚴神秘的死亡之後，會有榮耀神秘的復活日。

應用上的意義：

12.懸吊者

智慧，慎重，洞察力，試煉，犧牲，直覺，占卜預知，預言能力。

【逆位】自私，群眾，運用身體的手段。

• XIII（死亡）

- 死神（Death，循環）- 天蠍座

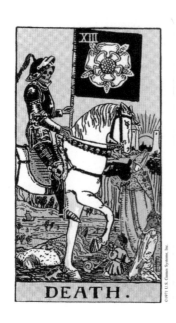

死神（Death）。這牌的表現的手法幾乎是固定不變的，符號象徵系統呈現中產階級式的風格。景象是生活的田野，穿插著普通的植物，活生生的手臂與頭爐從地上伸出來。其中一具頭顱帶著皇冠，一具骷顱手拿一把大鐮刀，正在做剷除他的動作。

這張牌的參考文字為希伯來語ㄱ（Nun，發音：Nun），相當於數字「50」，這字也代表天蠍座。這明顯且無庸置疑的意義就是死亡，但針對該符號的另一層意義是改變與轉化。其他的頭顱已在之前被清除了，然而這張牌最流傳且獨特的意義，就是代表死神的紙牌。它奇特的景象被認為代表著，在神聖領域內的精神昇華、創造與毀滅、永恆持續的行動，以此類推。

一名騎著白馬的骷髏騎士，身穿盔甲，全副武裝手裡拿著有薔薇十字會圖騰的黑白旗幟。

他的身旁有四個角色分別是皇帝，主教，女人和小孩。皇帝抗拒死亡，但仍被骷髏騎士踐踏而過；主教雙手合十，接受死亡；女人跪下，轉過頭去不敢面對；小孩不懂死亡，好奇地望著骷髏騎士。整體來説其象徵著無論男女老幼，誰也逃不過死亡這個自然法則。

在骷髏騎士的背後有一條冥河，代表生生不息的生命；而象徵永生的朝陽自兩座塔之間升起，目的是讓人類瞭解死亡並非一切的終點。生命的面紗永久存在於變動、轉變中，以及由低層次通往高層次的過程中，修訂過的塔羅牌更恰當地展現其中天啟的觀點，勝過收割骷髏頭的粗糙概念。

其背後隱含著全世界的精神方面提升的意思。神秘的騎馬者緩慢地移動著，舉著一把黑色旗幟，上面裝飾著代表生命的神秘玫瑰。水平邊緣的兩根柱

子間代表永恆不朽的太陽在閃耀著。

騎馬者並未帶任何可見的武器，但是皇帝、孩童以及婦人都倒在他的面前，同時一位主教雙手合掌等待他的終結。

這個終結也並不是一個終結，只是轉化為另外一種方式存在，生命的本質不變，從奇特且近乎未知的入口要通往神秘死亡的階段，是意識形態的轉變，通往一種非以尋常死亡作為路徑或門檻的境界。

對於第十三張的現存解讀，整體來看是比較適當的，代表復活，創造，終點，重生與休息。

應用上的意義：

13.死神

結束，死亡，毀滅，墮落；對男人來說，則代表失去捐助者；若是女人，則有許多對立相反的事物；若是少女，則代表婚姻計劃的失敗。

【逆位】懶惰，睡覺，昏睡無生氣的，茫然，夢遊；希望毀滅。

● XIV（適當）

- 節制（Temperance，自我控制）- 射手座

節制（Temperance）。有著一對翅膀的女性形象，將液體從一只水壺倒至另一水壺內。這張牌總是採用這個命名，顯然在提供解讀背後的另一層意義，也是基於塔羅牌整體的觀點，來思考這張牌的主題。

這張牌的參考文字為希伯來語 o（Samekh，發音：Samekh），相當於數字「60」，這字也代表射手座。一位有著雙翅膀的天使前額是太陽，胸前有代表七的正方形（地元素），與橘色的三角形（火元素），象徵四元素的終極目標。

天使的臉上散發和諧平靜的光輝，舒適自在，活在當下，右腳踏入代表潛意識的池塘中，左腳踩在代表顯意識的岸邊石頭上，其象徵著天使能在潛意識和顯意識之間取得平衡。池塘邊開著黃色的花，代表光明愉悅的感受，遠方有一條小路通往藍色的山，兩座山之間閃著豔陽般的金色光芒，讓人感覺充滿希望。

雖然我使用男性的概念稱呼他，但是他既不是男性也不是女性。一般認為他正將生命的本質從一個聖杯傾倒至另一個聖杯，一隻腳在地面，另一隻腳放在水面，藉此說明自然的本質。

一條直徑往上通向水平的邊緣，在那兒上頭有一道幾近刺眼的巨光，裡頭隱約看見到一頂王冠。

這裡有關於永恆不朽的生命的部分秘密，人類有可能在自己的化身中實現。在此，所有傳統的象徵都棄置不用。

它難以置信地被稱為節制，因為當規則是取自於精神與物質的特質。所以理性部分知道我們的意識是從何處來，再經歷這世界的學習後再準備去下一站，我們該去的地方。

再者，節制排在死神之後，即意謂著已經從內心深層的恐懼跳脫出來，就像風雨後的雨過天晴，給人安祥的平靜感。

應用上的意義：

14. 節制

節約，溫和穩健，管理，調和適應。

【逆位】與教堂，宗教，派別，教士職位有關的事物，有時甚至是關於即將與問事者結婚的教士；分裂，不幸事物的結合，魚與熊掌不可兼得的利益。

• XV（野性）
- 惡魔（The Devil，慾望）- 魔羯座

惡魔（The Devil）。這張牌表面上是張猥褻的動物符號。除一頂古怪的頭飾外，主要的形體是全裸的；硬板狀的翅膀，與呈現鳥爪狀的手腳。在右手中有一個終止王權的符號，被認為代表著火。

這張牌的參考文字為希伯來語 ע（Ayin，發音：Ayin），相當於數字「70」，這字也代表山羊座（魔羯座）整體形象並非特別的邪惡；它並沒有尾巴，而認為爪子屬於殘酷貪婪之人的特徵。沒有比老鷹的爪更好的說法了。兩隻小惡魔，推測為一男一女，頸領以繩子被固定在一個臺座上。牠們有尾巴卻沒有翅膀。近代的牌都是一個擬似巴佛美神（Baphometic）的形體，有著山羊頭，在羊角間有一把大火炬；牠以坐姿替代站立，並以神秘的節杖替換生殖器官。

這牌也是表達一些動機，代表適應，鄙陋或是和諧。有著山羊角的曼德斯（Mendes），戴著蝙蝠的翅膀站立在祭壇上。

在胃部的凹處是個代表水星的符號。右手高舉並張開，是第五張牌的教宗所給予的祝福的相反。右手裡是把巨大的火燄轉向下朝著地面，一個顛倒的五角星在前額上。

祭壇的前方有個扣環，套著兩條鎖鏈圈在兩個人形的頸子上，是一男一女，亦即亞當夏娃的角色。

在亞當夏娃身後的惡魔，頭上有倒立的五角星，代表物質世界，其右手的黑魔法手勢，和教宗的祝福手勢是對立的，而手心裡的土星符號則是更貪婪的物質慾望，其左手拿著火把，似在挑起亞當的慾望。

亞當和夏娃都長了角和尾巴，顯露原始獸性；他們都被鐵鍊鎖住，但其實鐵鍊很鬆，是可以掙脫的，但他們卻流連其中。

這些與第五張牌的符號類比，如同亞當與夏娃墮落之後，代表著物質生活的鎖鏈與宿命。

這些人形都有尾巴，代表動物的特性，但臉部卻有著人類的智慧，而高高在他們之上者並非永遠是他們的主人。

應用上的意義：

15.惡魔

蹂躪，暴力，激烈，異常的努力與成果，力量死亡；這些命運是註定的，但這並非是邪惡的理由。

【逆位】邪惡的致命，軟弱，渺小，盲目無知

• XVI（惡意的基盤）
- 塔（The Tower，驕傲者必亡）- 火星

受閃電襲擊的高塔（The Tower struck by Lightning）。它還有其他的標題：財神布魯特斯的城堡（Castle of Plutus）、上帝的宮殿（God's House）與巴貝爾塔（Tower of Babel）。以最後一項來說，從塔上掉落的人，被認為是舊約創世記裡的寧羅（Nimrod）與他的神職人員。

這肯定是張代表混亂困惑的牌，廣泛而言這就是指上帝的宮殿已被拋棄，而教堂的帷幕已被拆毀。

這張牌的參考文字為希伯來語 פ（Pey，發音：Peh），相當於數字「80」，這字也代表火星。稍許令人驚訝的是，同樣的手法曾使用於所羅門神殿的毀滅，閃

電也許象徵著火燄與劍，是迦勒底國羅門王（King of the Chaldees）襲擊時所用的武器。

在歷史故事當中有很多講法，最能代表的是「生命之屋」（House of Life）的毀滅，當邪惡入侵時，尤其是一個「教義之屋」（House of Doctrine）的崩裂。然而，我瞭解它是指一個「虛假之屋」（House of Falsehood）。

它同時以最完整充分的方式說明聖經上的真理：「除非上帝建造這房屋，否則建造的人就枉費勞力」（except the Lord build the house, they labour in vain that build it）──詩篇 127:1。

有一種看法認為大災難是前一張牌的反射，但並不是從符號象徵的角度，有兩個可解釋的意思在當中：一個是關於墮落於物質與動物的境界，另一方面是代表智性的毀滅。

至於高塔則被視為一種懲戒，對於傲慢自大與試圖瞭解上帝秘密而過度壓抑理智；但是以上兩者皆無法說明這兩個活生生的受難者。一個只是毫無用處地照字面解釋；而另一個則是錯誤的詮釋。

更深入的觀點認為它也許亦代表一項天命的結束，但最重要的意義也不止於此。

應用上的意義：

16. 高塔

悲慘，危難，貧困，災禍，巨大的苦難，恥辱欺騙，毀滅。這張牌特別指著預料之外的災難。

【逆位】根據相同的理由，代表比較輕微程度的相同意義；還有，壓迫壓制，監禁，專制暴虐。

• XVII（治癒）
- 星星（The Star，魂魄飛向宇宙）- 水瓶座

星星，天狼星（The Star, Dog-Star, or Siren），也有被稱為東方三賢士之星（Star of Magi）。群聚著七顆小發光體，其下方為一名裸體的女性形象，右腳置於水面上；她正從兩只花瓶中倒水，一隻鳥兒棲息在她鄰近的樹上；關於此景，後來的一些紙牌將之改為蝴蝶停息在一朵玫瑰上。

這張牌的參考文字為希伯來語 צ（Tsade，發音：Tzaddi），相當於數字「90」，這字也代表水瓶座（寶瓶座）同時，星星也被稱為「希望」。這是埃及式的解答之一。

這張牌的上方是一顆巨大，閃耀著八道光芒的星星，被七個同樣有著八道光芒的較小星星圍繞著，位在前景的女性人像，是完全裸露的這名女子的左膝跪在土地上，而她的右腳踩在象徵潛意識的水裡，兩手各拿一個水壺，從這兩個大口水壺中傾倒出「生命之水」（Water of Life）。

她將右手水壺裡的水倒入池子，將左手水壺裡的水倒在草地上，象徵人的五種感官，相互交流，生生不息。

在她身後是一片往上攀升的地面，其右側是一棵灌木或短樹，上頭有隻鳥兒飛落，牠代表的是智慧，正眺望遠方，似在提醒人類應隨時保有智慧之心。

另外，女子身後的遠處還有一大片開滿了花朵的草原，以及一座靜謐安穩的山脈，看起來欣欣向榮，令人心曠神怡。

這名女子像傳達著不朽的青春與美麗，而星星則象徵著耀眼的巨星，它出現在同濟會的象徵符號系統中，但卻因此造成混淆困惑。

該女性所傳達的生動景象，就是天堂與其元素的實體。這可以真確地從兩句格言表達：「可以自由拿取的生命之水」與「心靈的禮物」。

綜合一些庸俗的解釋，認為這是代表希望的牌。就其他層面而言，證實此牌為永恆不朽與內在的光。

對於大多數已作好準備的理智而言，她將呈現真理的真實樣貌，榮耀存在永恆不朽的美麗中，傾倒靈魂之水在一些地方，且估量她所擁有的無價寶藏。

但實際上在猶太教神秘哲學中她是偉大的母親，擁有超凡的覺知，並向下方的生命之樹（Sephiroth）傳遞她的匯集，依他們能夠接收到的方式。

應用上的意義：

17. 星星

損失，盜竊，貧困，遺棄；另一種解讀是，充滿希望與光明的前景。

【逆位】傲慢自大，高傲，無能。

• XVIII（不安、淨化）
- 月亮（The Moon，黑暗的降臨）- 雙魚座

月亮（The Moon）。這紙牌會呈現的月亮呈現著上弦的角度。幾乎所有的表現形式，月亮都是閃亮發光的，流瀉著滋潤豐沛的露水。下面矗立著兩座高塔，其間蜿蜒著一條小徑，直至地平線的盡頭。兩隻狗，或以一隻狗與一隻狼替代，正對著月亮叫吠，前景則是一潭水裡有隻蝤蝦，正往陸地前行。

這張牌的參考文字為希伯來語ק（Qof，發音：Qoph），相當於數字「100」，這字也代表雙魚座。一個大大的黃色月亮高掛在藍色天空，但這個月亮裡卻有不同元素，一個是新月，一個是滿月，一個是女人的臉孔，然後從新月慢慢延伸到滿月。

另外，這個月亮有十六道大光芒以及十六道小光芒，而飄散在空中的是代表思想的露珠。

一隻蝦正從池塘爬出，這隻蝦代表一種很深層的情緒，像是猶豫或憂慮。蝦的左邊是一隻狗，右邊是一隻狼，各自代表已收斂和未收斂的獸性。

在狗與狼的中間有一條通往遠方兩塔之間的小路，它一直延伸向更遠的山脈，這條小路不知最後會通往何處，但它越來越細小，只剩微弱的月光照著，似也表達了一種不安。這張牌與一些常見類型的明顯區別是，月亮正增強其慈悲寬容的部份，是給予觀察者的權益。這張牌象徵想像力的生命，與心靈生活無關。在高塔之間的路徑是通往未知的課題。

狗與狼代表著自然心智面對出口的地方所產生的恐懼，因為那裡僅藉著反射的光給予指引。

最後的關連性，是解答另一個符號象徵形式的關鍵。智慧的光是反射的，超越其上的是無法向外顯露的未知神秘事物。它闡明我們的動物特性，並以狗、狼等形式呈現，這些從深處開始表現出來的無名且可怕的傾向，比之野蠻的獸性還低等。

它努力達到顯露的地位，從深不可測的水裡爬上陸地作為象徵，然而依循慣例，它又會重回與沉入來處。代表心智的臉龐對著下方的騷動不安投以安詳的凝視；落下思維的露水傳達的訊息是：祥和平靜；也許安靜會因此影響動物的特性，同時位於下方深不可測的事物應會由放棄一個形式而終止。

應用上的意義：

18. 月亮

隱匿的敵人，危險，毀謗，黑暗，恐怖，欺騙神秘的力量，錯誤。

【逆位】不穩定，易變無常，靜默，輕微程度的欺騙與錯誤。

• XIX（新生命誕生）
- 太陽（The Sun，崇拜）- 太陽

太陽（The Sun）。較古老的紙牌中，光芒以主要的放射線突顯出來，波浪狀與突出狀交替排列，並列著第二層的放射線。呈現出它流瀉至地球的影響力，不僅是依靠著光與熱，如同月亮，還有著露水。

這張牌的參考文字為希伯來語ㄱ（Resh，發音：Resh），相當於數字「200」，這字也代表太陽。天狼星下方有一道牆，意味著一道圍牆，也許圍著一座花園，裡頭有兩個小孩，全裸或穿得很少，面對著一潭水，互相遊戲或手牽著手奔跑著。

一個可愛的孩童騎在馬背上，裸體，頭戴著雛菊花環和一根紅色羽毛，張開雙手微笑著，很開心的模樣。孩童左手拿著一枝很大的紅色旗幟，象徵他已經有能力掌控自己擁有的一切。

孩童雖坐在馬身上，但不需要用韁繩拉住馬，且連手都不用扶著，象徵孩童與馬的關係是和諧的、愉悅的、良性的。

後面的圍牆上有四朵鮮豔的向日葵，且面向孩童，而不是太陽，表示孩童的純真、坦誠、正面能量已足以吸引原本向陽的向日葵。

一個超大的太陽高掛空中，且光芒四射，總共有二十一道光芒，它代表了愚人之外的二十一張大阿爾克那牌。

一位赤裸的孩童騎坐在白馬上，展示著一面軍旗。誠如前面所提，這是關於此張紙牌比較適當的符號象徵系統，象徵著超自然的東方（Supernatural East）的命運，以及偉大且聖潔的光，在人性永無止盡的隊伍之前，自敏感脆弱的花園圍牆內出現，並繼續回家的路。

所以這張牌表示，從地球的壯麗太陽所象徵的這個世界鮮明的光，轉變為

73

未來世界之光，開始於志向抱負之前，以孩童的心作為代表的典型。

但是最後一項暗示，再度成為解答符號象徵系統的另一個不同的形式或觀點的關鍵。太陽代表精神的意識，意指反射之光的對照。

人性的獨特典型成為一個內在的小孩，有著單純天真的智慧。在這樣的單純中，他懷有自然與藝術的封印；在那樣的天真裡，他代表著精力充沛的世界。

當自覺的心靈已開始出現在意識中，超越天生的理智，該理智就會在重建中引領動物的特質朝向理想一致的境界。

應用上的意義：

19. 太陽

物質的快樂，幸運的婚姻，滿意。

【逆位】相同的意義，但是比較次要的程度。

● XX（極限）

- 審判（Judgement，復活）- 冥王星

最後的審判（The Last Judgement）這個符號的意義十分明顯，表現的形式在本質上來說是不變的，即使是在亞提拉的紙牌。一位天使吹奏著喇叭，在陰沉的墓園上方，然後亡者復活了。

這張牌的參考文字為希伯來語 ש（Shin，發音：Shin），相當於數字「300」，這字也代表火元素。其實無關緊要的是，亞提拉遺漏了天使，或是帕柏博士以一個荒謬可笑的形象替代，然而，這正呼應著他最新的作品所附的塔羅牌組，所要表達的一般動機。在否決這符號象徵系統的明顯詮釋前，我們對於自己的

觀點必須感到非常肯定，因這些詮釋透過紙牌的名稱，與眼睛所視的圖片傳達。

表面看來，至少可以視為父親、母親與孩子三人的復活，這三人我們已在第八張牌見過了。

大天使加百列在空中吹著號角，從號角口發射出七條線，代表著七個音階，能帶領著人類掙脫物質世界的束縛，重回精神層面的淨化和提升。另外，號角上綁著紅十字旗幟，象徵業力的平衡。

下方有一片海洋，象徵人的潛意識，海洋上漂浮著棺木，棺木裡載有灰色的人，他們分別是代表顯意識的男人，仰望著天使；代表潛意識的女人，迎接著天使的召喚；代表重生的小孩，背向著天使。

這個巨大的天使在此被雲朵圍繞著，但他吹奏著附有旗幟的喇叭，而十字架照例出現在旗幟上。

死者從他們的墓地裡站起來，女人在右手邊，男人在左手邊，在兩者之間的是他們的孩子，他是背對著站立。但在這張牌中還有超過三位的復原者，這項改變被認為是有價值的，以說明目前的解釋之不足。

應該注意的是，所有的人像皆一致處於驚異、崇拜與狂喜中，從他們的姿態傳達出來。這張牌在表達項轉變的偉大工作，回應來自天國的召喚，其請求被聽見並從中獲得回應。

裡頭暗示著一項重要的意義，卻無法在目前的階段進一步闡釋。那是什麼？存在我們內心中所吹響的喇叭，我們所有較低等的特質皆起而回應，近乎在一瞬間的光景或一眨眼的時間裡。

就讓紙牌繼續說著，對於無法看見更深遠意義的人，最後的審判與復活是發生在自然的軀體；但是讓那些擁有內在雙眼的人，隨即看見並發現吧！他們將會明白，在過去它曾被真確地視為代表永恆生命的牌，因此可與節制的紙牌相比較。

應用上的意義：

20. 審判

位置的改變，復活，結果。另一個解釋說明訴訟的總體損失。

【逆位】軟弱，膽怯，儉樸單純；深思熟慮，決定，判決。

• XXI（最終的虛無）
- 世界（The World，完美無缺）- 土星

世界，宇宙或時光（The World, the Universe, or Time）。 啟示錄（Apocalypse）與以西結（Ezekiel）所看見的四種活生物，在基督徒的符號象徵系統中，歸類為福音的傳播者，以橢圓形的花環聚集起來，花圈意圖象徵著所有能覺察到的事物；在花環內有個女人的形體，風兒將其腰部以一條輕柔的圍巾纏繞包圍著，這就是她僅有的覆蓋物。她正在跳舞，一隻手上拿著權杖。

這張牌的參考文字為希伯來語ת（Tav，發音：Tav），相當於數字「400」，這字也代表土星。極富說服力的旋轉意象，象徵著敏感波動的生活，身體所獲得的喜悅，靈魂狂喜陶醉在世俗的天堂，但仍然受到神的監察者的守衛，猶如在上帝之名的力量與恩澤下，代表著上帝之名（Tetragammaton）的四個難以理解的希伯來文字 YHWH，有時象徵著神秘的野獸。

一位舞者的左右手各拿著權杖，各自代表進化和退化的力量，其身上纏繞著象徵高貴與神聖的紫色絲巾像是在輕快地跳著舞。

這舞者站在橢圓桂冠花圈的中間，桂冠除了象徵成功，也像是愚者0號的形狀，表示潛力無窮，桂冠的上面和下面各有一條紅色絲巾，且呈倒8符號，象徵無限和永恆，而舞者本身則代表著每個人身上都有神性存在。

在桂冠花圈外的四角，分別有人（水瓶座，風元素），老鷹（天蠍座，水元素），獅子（獅子座，火元素），牛（金牛座，土元素），他們相互合作協調最後將任務圓滿達成。

做為大阿爾克那牌的最終訊息，其設計是不變的，而且確實是不可改變的，關於它的深層涵義已被部分地描繪出來了。

它同時象徵著圓滿與宇宙的盡頭，其中蘊藏的秘密是宇宙的狂喜，當它在上帝那裡瞭解自己時。

更深一層的境界是靈魂處於神聖觀點的覺醒狀態，從自覺的靈性所反映而來。但是，這些意義並無關於物質面的偏見。

它不只一項關於大宇宙的訊息，且舉例來說，是恢復精力的世界狀態，當展現自然界的盡善完美的最高境界時。但這也許是特別指過去的故事，當時所有的一切皆是美好的，當時早晨星星一同歡唱，與所有的上帝之子歡笑著。

應用上的意義：

21.世界

有把握的成功，報酬，旅行，路徑，移民，飛行，地點的轉換。

【逆位】懶惰，固定，停滯，永久性。

4. 小阿爾克那（Minor Arcana）的解讀 ── 權杖牌組

這個牌組的課題是行動力，每一張牌也是工作有關，工作的階段不同就會出現不同的狀況。以經驗來看，最多情況是在問工作時抽出來，如問感情的事抽到很多關於權杖的牌，很有可能指出當事人對待伴侶的態度出了問題，讓對方感受到很多無謂的壓力。

權仗牌組

• 權杖 Ace 或稱權杖一‐行動

生命樹的階段：Kether
要面對的課題：精神行動

　　一隻手從一朵雲裡伸出來強而有力地握著一支粗厚且長了許多綠葉的權杖，背景是純然的白色。

　　這根權杖是唯一的主角，不僅展現強大的力量，還長滿了象徵生生不息的綠葉，遠方還有繽紛的山脈，草原和河流。

　　權杖是行動的象徵有著行動展開與實踐的意義，也代表全新的計畫將會順利得進行，你需要得是勇氣與熱情去面對這個挑戰。逆位時，牌中所指出代表著行動受到阻礙，失去活力與生命力，絕望與沮喪，但這牌所表達的意思不會太差，所以要維持心中的信心。

應用上的意義：

創造，發明，冒險精神，以及產生這些結果的力量；原則，開端，來源：誕生，家族根源，且就某種意義來說，是他們背後所代表的生殖力；事業的開始；根據另一項說法，代表金錢，財富繼承物。

【逆位】衰退，墮落，毀滅，消滅；也是某種程度充滿愁雲的成功。

• 權杖二‧分析

生命樹的階段：Chokmah

要面對的課題：統治

一位高大的男子從城垛的頂端望向海面與海岸；他右手裡握著一顆地球物，同時左手扶著一支棍棒停靠在城垛上；另一支則由扣環固定著。應特別注意左邊的玫瑰百合十字架。

這張牌象徵著合作關係，合夥關係，有時候也可以視為互補或平衡，權杖二象徵著決定與選擇。當權杖逆位時，代表著衝突原本良性的關係惡化，競爭變成對立，但有時只是指這個合作不是太順利，並不一定全部倒轉。

應用上的意義：

在若干的解讀中，沒有婚姻的可能性；一方面是富裕，幸運與宏偉；另一方面則是內體的痛苦，疾病，懊惱，哀傷，屈辱羞愧，這個設計提供一項見解：這裡是個君主俯瞰著他的領土，並交替凝視著一個地球物；就好像是疾病，屈辱亞歷山大的悲傷都在這個世界富有的壯觀顯赫之中。

【逆位】驚奇，疑惑，著迷，情感，煩惱，恐懼。

● 權杖三 - 遠見

生命樹的階段：Binah

要面對的課題：善行

　　一位沉著，威嚴的男子背對著，他身上穿著紅色的衣服，披著綠色的披風，正從懸崖邊由上往下望著遠方的船隻駛過海面，整個背景都是鮮豔的黃色，給人一種欣欣向榮的感覺男子的身旁有三支權杖插入土地裡，而他正用手輕輕握著其中一支權杖。權杖三常常代表著商業的交易，就算是這當中沒有任何的金錢意味，也可以是合作與冒險。當權杖三處於逆位時，代表著合作並不順利困境，需要檢討當中的細節犯錯機會較為多。

應用上的意義：

他象徵著已建立的實力，事業，努力成果，貿易，商業，發現；那些都是他的船隻，載運著他的貨物，航行經過海面。這張牌也代表著事業的合作，猶如這位成功的商業鉅子正從他這邊觀察著你並給予幫助。

【逆位】煩惱終止，結束逆境，苦難與失望。

• 權杖四 - 到達

生命樹的階段：Chesd
要面對的課題：圓滿

　　背景是一大片的鮮黃色插立在前景的四支巨大權杖上有著一圈大花環懸浮在空中讓人感覺很熱鬧。四大權杖的後方，有兩位女性人物高舉著花束，她們分別穿著紅色衣服和藍色衣服旁邊是一座跨越護城河的灰色橋，橋上面有一間紅色尖頂的白色房屋，像是古老莊園的房子。

　　權杖象徵著行動，配合上四的穩固就是，行動的穩固，就是在萬事都齊備的情況下展開的行動，就算逆位也同樣的不改變這張牌的正面意義、增加、生產、繁榮、和穩定，這個是提示你不能再拖延要快一點解決這個問題或向前走。

應用上的意義：
僅這一次所有的意義幾乎都顯現在表面——鄉村生活，庇護的天堂。一種當地歡慶收穫的形式，休息，和睦，融洽，繁榮，和平與理想完美的工作。
【逆位】意義仍舊未改變；繁榮，增加，幸福美麗與裝飾。

● 權杖五 - 衝突

生命樹的階段： Geburah

要面對的課題： 衝突

　　背景是藍色天空以及綠色草地，有五個年輕人穿著不同顏色的衣服，各自拿著一根權杖，擺出不同的姿勢，但像是在相互爭鬥，誰也不讓誰，對彼此有不滿的情緒，彷彿就要展開一場戰爭。一群年輕人揮舞著棍棒，如同在運動或爭鬥中。這是一場模擬的戰爭。這張牌往往也代表著為了未來生活所作的努力（或是面對競爭），像是升學考試或是與同學、隊友切磋技藝等，當權杖五處於逆位時，象徵著不公平的競爭，作弊，或是爭論、吵架與惡性競爭，競爭的特性相對複雜很多。

應用上的意義：

模仿，例如模擬的鬥爭，但同時也是非常激烈的競爭與努力掙扎著搜尋財富。就此觀點而言，它與生命的戰鬥有關。因此某些說法稱之為代表黃金，獲利與富裕的牌

【逆位】爭訟，爭論，奸計，矛盾。

● 權杖六－勝利

生命樹的階段：Tiphareth
要面對的課題：勝利

　　一名男子頭戴著象徵勝利的桂冠，身穿紅色上衣，手裡高舉頂端掛著桂冠的權杖，騎著有綠色披風的白馬，其他人則拿著權杖簇擁在一旁，整個畫面被佔得滿滿的，氣氛熱鬧，似是凱旋歸來。偉特的權杖六象徵著榮耀，桂冠代表著辛苦得來的榮譽，這個人帶來了一項新的宣告，逆位的權杖六在偉特塔羅牌中代表著恐懼背叛與延遲，還有需要檢討這次的行動有沒有一些不明確的麻煩事留下。

應用上的意義：
紙牌如此的設計包含著許多意義；表面看來，這是勝利者的歡慶活動，但也可能是由國王的信差捎來偉大的消息：以它的渴望作為所期待事物的報酬，是希望的榮冠，以此類推。
【逆位】恐懼，憂慮，好似戰勝的敵人就在門前；背叛與不忠，猶如對著敵人敞開大門；也是無限期的延遲

● 權杖七 - 勇氣

生命樹的階段：Hod
要面對的課題：價值

　　一個年輕人身穿黃色上衣和綠色外衣，雙手握緊一根長長的權杖，站在滿是綠草的山頂，而山頂上則是崎嶇的高地其他還有六支權杖，則是在下方被高舉著，畫面呈現上下爭鬥的感覺。權杖七有著挑戰的意味，一個年輕男子站在山丘上手持著木棒，採取了戰鬥的姿勢，而底下冒出了六根權杖似乎要攻擊或挑戰他，逆位時象徵著困惑、干擾，猶豫不決，對以前的成功模式有懷疑。

應用上的意義：

這是一張代表英勇的牌，從表面上看來，六個正在攻擊一個，然而他卻是處於優勢的狀態。就智慧層面解讀，它代表討論與言詞的衝突爭鬥；就事業而言是協商談判，貿易的戰爭，易貨貿易競爭。進一步而言，是表示成功的牌，因為戰鬥士是立在頂端，且他的敵人們也許無法碰觸到他。

【逆位】困惑糾纏的處境，難堪，焦慮，它也是對於優柔寡斷的警告。

● 權杖八 - 迅速

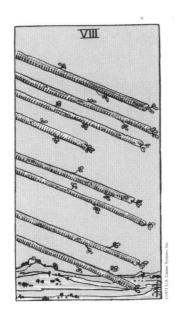

生命樹的階段：Netzach

要面對的課題：快速

背景是一大片藍色的天空，遠方有綠色山脈和藍色河流，主角則是八根有長有短的權杖，它們方向一致，整齊畫一。

這張牌描繪靜止固定的動作——權杖在空曠的郊外飛行；但是朝著他們自己的方向。他們所指的意義即將到來；甚至也許已到達門前。權杖八表達的快速的行動，帶有希望的行動，也時也像徵著閃電的戀愛，或是一見鍾情，逆位時表示爭論、反對、嫉妒等，逆位的能量並只是一些小障礙。

現代這牌也顯出是和飛行有關的事物，如旅行，航空有關的職業。

應用上的意義：

正在進行的活動，這類活動的路徑敏捷，如同一位迅捷的信息者；十分匆忙，偉大的希望，朝向一個確保幸福的終點速度；通常那都是在移動狀態；也代表愛情的箭。

【逆位】忌妒的箭；內心的爭論，良心的刺痛爭論，以及已婚者的家庭爭論。

● 權杖九 - 審慎

生命樹的階段：Yesod
要面對的課題：力量

　　一名男子頭上綁著繃帶顯示他受了傷，到目前尚未恢復，他雙手握著一根權杖，眼睛望向側邊的遠方，好像在尋找或擔心什麼。男子像是倚靠著他的權杖，且帶著期待的神情，好似正在等待一個敵人。後方是其他八支棍棒直立著，有秩序地排列著如同一道柵欄。偉特藉由這張牌表現出不愉快的等待、延遲、耽擱、懸而未決的事情，在逆位時才代表著逆境、困苦、災難，經驗上這牌也是表達過分謹慎的意思。

應用上的意義：
這張牌代表著對立的勢力。假若攻擊的話，該角色將會面臨一場勇敢的突擊；而他的體格顯示出他也許會是個令人畏懼的敵手。依據這個主要的意義，連帶包含著所有可能的附屬特質——延遲暫停，延期。
【逆位】障礙，逆境，災難。

• 權杖十－壓迫

生命樹的階段： Malkuth

要面對的課題： 壓迫

一個男人受到他所持有的棍棒的重量壓迫。偉特認為權杖十通常帶來壓力，常見的狀況是事情的成功，之後這樣的成功卻帶來了辛苦的壓迫感，也代表了只相信事物表面的錯誤，有些時候這代表著沒有意義的成功，或是在成功的同時損失了某些事情，當權杖十逆位時，也代表著麻煩與障礙，還有必須檢討自身能力可不可以應付這麼多的事情。

應用上的意義：

一張紙牌擁有許多的意義，且部分的解讀是無法協調一致的。其最主要的意義，簡單的說就是壓迫，但它同時也代表幸運，獲利與任何形式的成功，然後就受到這些事物的壓迫。它同時也是代表錯誤的表象，偽裝，背信忘義的紙牌。圖中人向所靠近的地方也許承受著這些棍棒所帶來的痛苦。假若緊跟著的是聖劍儿，則成功是無望的，且假若是關於訴訟的問題，則將會有一定的損失。

【逆位】 矛盾對立，困境，陰謀，及與以上所類似的事物。

• 權杖侍衛，火原素中風的展現。（火之風）認真

與前一張相似的場景，一位年輕人站立著做宣告的動作。他是個默默無聞的人但卻忠心耿耿且他的音信是奇怪的。

他雙手握著一根直立的權杖，且微微抬起頭來看著權杖的頂端，身上穿著繡有火蜥蜴的黃色衣服，披風和鞋子也都是鮮豔的黃色。

火原素代表著工作世界，侍衛是帶著風原素，加上權杖的火特質，這是表示有忠誠執行（但腦子不靈活）的一個角色。

應用上的意義：

黝黑的年輕人，忠誠的，是個戀人一位使節，一位信差。若出現在一個男人的旁邊，他將攜帶對其有利的證據。若是緊跟著侍衛聖杯牌，代表危險的競爭者。擁有他所屬的花色牌之主要特質。他也許代表著家族的智慧。

【逆位】軼事秘聞，宣佈，邪惡的消息。同時伴隨著優柔寡斷與不穩定的特質

● 權杖騎士，火原素中火的展現。（火之火）積極

KNIGHT of WANDS.

©1971 U.S. Games Systems, Inc.

　　一名青年男子全身穿著盔甲，披著畫有火蜥蜴的黃色戰袍，頭盔上有紅色長穗，騎著正在奔騰的馬，右手握著權杖，左手拉著韁繩，駕輕就熟英姿煥發。他的出現好似在旅途中，配備著一柄短權杖與盔甲，雖然並非處於軍事任務狀態。他正經過一些土墩或三角錐塔的東西。馬匹的動作是瞭解坐騎者性格的關鍵，提示著倉卒的心情或與此相關的事物。

　　火原素代表著工作世界，騎士是帶著火原素，加上權杖的火特質，這是表示有行動力（接近衝動）的一個角色。

應用上的意義：

離開，缺席，飛行航程，移民。一個黝黑的年輕人，熱情，友善，改變居住地。

【逆位】破裂，分割，阻礙，不和。

• 權杖王后，火原素中水的展現。（火之水）開朗

權杖在整組花色牌中總會出現葉子，因為它是代表生命與生氣的花色牌。無論是情緒或其他方面，王后的個性特質與國王相對應，卻更具魅力。

火原素代表著工作世界，王后是帶著水原素，加上權杖的火特質，這是表示有行動力的一個角色。

應用上的意義：

一個黝黑的女人，鄉下婦人，友善的，貞潔的，深情的，高貴的。假若在這張牌的旁邊是張代表男人的牌，她將對他有助益；若是一個女人的牌則她對占卜問事者（Querent）有興趣。其他尚有：喜愛金錢，或是在事業上獲致成功。

【逆位】良好，節約的，樂於助人的，有用的。另外在特定的位置與其他紙牌相鄰的情況下，也代表著反對，忌妒，甚至欺騙與不貞的傾向。

• 權杖國王，火原素中土的展現。（火之土）穩重

KING of WANDS

©1971 U.S. Games Systems, Inc.

權杖這張牌的外表與情緒特質是黝黑的，熱切的，柔軟的活躍的，激情的，高貴的。國王略為前傾地坐著，手握一支有花的權杖，直接置於地面而非座椅的台階，顯示王者與天地相連的氣勢。

國王戴著一頂保護的帽子在王冠底下，與其他三個國王牌一樣。他的椅背上刻著獅子與蜥蜴的圖騰，另外在座椅旁還有一隻蜥蜴。

火原素代表著工作世界，國王是帶著土原素，加上權杖的火特質，這是表示有清楚行動計劃的一個角色。

應用上的意義：

黝黑的男人，友善，鄉下人，通常是已婚的，誠實與良心的。這張牌總是代表著誠實，且也許意味著不久即將面臨的突如其來的繼承消息有關

【逆位】良好，但嚴峻，嚴厲卻寬容的。

5. 小阿爾克那（Minor Arcana）的解讀——聖杯牌組

這個牌組的課題是人際關係，每一張牌也是人的關係有關，人生在階段不同就會出現不同的狀況。以經驗來看最多情況是在問感情時常常抽出來，如問感情的事卻抽不到關於聖杯的牌，就可能指出當事人對待人際關係的次序不對，要重新檢討態度。

聖杯牌組

● 聖杯 Ace 或稱聖杯一－情感

生命樹的階段：Kether
要面對的課題：情感起點

水在下面，上有荷花；手自雲裡伸出來，掌中扶著聖杯，聖杯裡有四注水流正傾瀉著。一隻鴿子嘴裡叼著一個十字架符號的聖體（Host），下降至聖杯裡的水位，水珠降落在所有地方。這或許是隱藏在小阿爾克那牌背後的暗示。

畫面中除了聖杯的顏色是亮黃色的，從聖杯中流出的水，聖杯下的水池，以及背景的天空顏色都是藍色系，讓人覺得特別平靜。是一段相當諧和的互動，他可以是一段友情、是一段家族之間的關係，也可以指認識一些新關係。當聖杯一逆位時，表示情感或關係的破裂，還有要更注意交流時候當中的細節。

應用上的意義：

真心的家，喜悅，滿足，住所，滋養，豐富，繁殖力；聖枴，有關於此的幸福。

【逆位】虛假心靈的家，變質，不穩定，變革。

● 聖杯二－真愛

生命樹的階段： Chokmah

要面對的課題： 愛情

　　一位年輕男子與少女正彼此敬酒，在他們的杯子上方升起水星之神赫密士的雙蛇杖（Caduceus of Hermes），並再兩片巨大翅膀的中間出現一個獅子的頭。這是從這張紙牌的一些古老範例中所演變而成的符號。

　　聖杯二象徵感情上的結合，特別在愛情上這是一張像徵著感情穩定的牌，當聖杯二處於逆位時，指的是結合的破裂，在愛情上分手與背叛，也可指太過敏感而將小事情變得很大。

應用上的意義：

愛情，激情，友誼，親密關係，結合，協調一致，同情心，兩性的相互關係，以及與所有占卜職務無關的建議，就是非出自於自然的渴望，但自然卻因此而被聖潔化。

【逆位】關係出現裂痕，戀愛不順，合作不順，拆夥，不信賴，反對，誤解。

● 聖杯三－喜悅

生命樹的階段：Binah

要面對的課題：豐富

　　有三名女子，一位身穿紅衣，一位身穿白衣，一位身穿黃衣白裙，三人頭上都戴著桂冠，她們圍成圓圈，臉上洋溢著幸福，在花園的草地上高舉著各自的聖杯，好像在向彼此敬酒，氣氛充滿了歡樂有一名女子右手高舉聖杯，左手自然下垂地拿著一串葡萄，四周還有藤蔓，花朵和瓜果相襯，象徵著滿滿的豐收。舉杯慶祝的意思，而是像徵著階段性的成功，或是在出發之前的祝福儀式，這張牌常常有另一個名字叫做慶祝，大家開心享受付出的小情歌，通常當他處於逆位時，常有過份狂歡的意思，或是超越的意思，也代表著不謹慎誇大自己的功勞。

應用上的意義：
任何情況的結論都是豐足，圓滿與歡笑；快樂事件，勝利，充實，安慰，治癒。
【逆位】遠征，派遣，成就，結束。它也代表著過度的肉體享受與感官的歡愉。

● 聖杯四 - 選擇

生命樹的階段： Chesd

要面對的課題： 豪華

　　一位年輕人悠閒地坐在樹下，雙手抱胸，雙腿盤坐，正凝視著放在面前草地上的三個聖杯，好像什麼事都不想做。

　　一隻手臂從一朵雲裡伸出來，遞給他另一個聖杯，但他視而不見，依然沉浸在自我世界，表情顯現對自己所處環境的不滿。這是一張較憂慮的牌、對外在世界變遷的恐懼而將需求放在自身上，逆位的聖杯四無論在馬賽塔羅與偉特塔羅當中都因為固定性的消失，而有新機會、新關係展開的意思，因為這個位置就是指要面對現實。

應用上的意義：

厭倦，反感，厭惡，想像的煩惱猶如這個世界的葡萄酒僅供溫飽罷了；另一份葡萄酒好似一份美好的禮物呈現給這位揮霍者，然而他卻混合的樂趣的無法從中得到慰藉滿足。這也是張代表牌。

【逆位】新奇，預兆，新的知識，新的關係。

● 聖杯五－失望

生命樹的階段：Geburah
要面對的課題：失望

　　一位黝黑，身披斗篷的人，深深地垂著頭，心情顯然不佳，他正望著前面的河流，身旁有三個傾倒的聖杯旁，而身後則有另外兩個聖杯是站立著的。

　　遠方有一座很明顯的白色拱橋，它可通向另一個小聚落，天空的色彩有點灰，但無論是黑衣人的身旁或河流的對岸，都有大片的黃色土地。聖杯五出現時這當事人該勇於放棄，而從新展開追求，由於轉變的時刻已經來到，再回首過去的傷痛似乎並沒有用，那麼必須尋求心靈上的寄託，執迷不悟時很容易抽出這張牌，這張牌逆位時，則像徵著一場緊密的聯盟，更為開放卻無法拆散的關係（逆轉的五有開放的意味。），也代表該是時候向前行不要再執著當中曾經的付出。

應用上的意義：

這是關於損失的牌，但仍有些東西遺留下來；三個已被拿取，但有兩個還留著；這是關於繼承，繼承遺產，傳遞的牌，但卻不符合期望；某些解釋者認為這是關於婚姻的牌，但卻有著痛苦與挫敗。

【逆位】消息，結盟，姻親關係，親密關係，祖先，歸返，不正確的計劃。

• 聖杯六 - 依靠

生命樹的階段：Tiphareth

要面對的課題：歡愉

　　孩子們在一座古老的花園裡，他們的聖杯裡面裝滿花朵，這是一座寧靜溫暖祥和的莊園，有白屋黃牆的屋子，有六個裝著白色花朵的聖杯。夸一個戴著紅帽，身穿藍衣的男孩拿著裝有白花的聖杯準備送給戴著橘色帽巾，黃色花衣，藍裙和紅鞋的小女孩，感覺十分溫馨。偉特的聖杯六描述的是在花園玩耍的孩童，這是一個幸福的印象，過去或童年，過去的美好回憶等，同時有不如面對現實的意思，大家可以看到這兩人其實已成年卻穿小孩子的衣服，當偉特的聖杯六處於逆位時，通常暗示著一段新的關係、或是新的消息。

應用上的意義：

一張關於過去，回憶，並回頭望的紙牌，例如童年時期；快樂，樂趣，但卻都是屬於過去；已經消逝的事物。另有一種解讀推翻這項看法認為是提供新的關係，新的知識，新的環境，然後孩童們正在不熟悉的環境嬉戲。

【逆位】未來，更新的事物，但不久將會成為過去。

● 聖杯七 - 依靠

生命樹的階段：Hod
要面對的課題：誘惑

一個身穿黑衣的人背對著，他望著浮在眼前空中這些被雲霧環繞的七個聖杯，這七個聖杯裝的是人頭，蓋著布發光的人（象徵自己），蛇（象徵智慧，另有一說是嫉妒），城堡（象徵冒險），珠寶（象徵財富），桂冠（象徵勝利），龍（象徵恐懼，另有一說是誘惑），黑衣人面對這些，顯得不知所措。奇異的酒杯所呈現的景象，但是這些形象多數特別是想像中的精靈。聖杯七代表著幻象，或是在你內心中可以看到的種種渴望，想像力的無遠弗屆是偉特的聖杯七所要表現的，對於藝術家和創作者來説聖杯七是一張帶來靈感的好牌，聖杯七常表示短瞬且無法掌握的事物，幻象、幻想或是夢境，還有指內在需求。逆位的聖杯七在偉特塔羅牌中有希望、與決定的意味在，也應該做決定。

應用上的意義：

偏愛幻想的，反射的影像，情緒，想像力，凝視著玻璃所看見的事物；在這些程度上有所獲得，然而卻沒有任何事情是永久的或是實在的。

【逆位】渴望，意願，決心，計劃。

• 聖杯八 - 追尋

生命樹的階段：Netzach
要面對的課題：懶散

　　一位身穿紅衣紅鞋的人，手拿著長杖，垂頭沮喪狀，他遺棄了裝載著幸福，事業，工作，或以前所關心事物的聖杯，這些聖杯都是經過時間和努力所擁有的，但他打算全部丟棄，越過河川，啟程離去。簡單的說他待表一個人拒絕一些事情的結果，無論這件事的結果是令人高興的還是悲傷的，偉特也同時在他的著作中說明，這張卡片同時可以解讀為溫暖、喜悅、榮耀與害羞，準備向心靈層次的追求而打破過去的模式，在逆位時這些意味更是明顯，代表著極大的喜悅與可以慶祝的事情。

應用上的意義：
這張紙牌是從表面說明自己本身的牌義，但是其他的解讀卻是完全相反的——給予歡樂，溫和膽怯，名譽，謙虛。事實卻經常發現，這張紙牌顯示事件的衰退現象，或當初被視為重要的事件實際上是微不足道的結果，無論是善或惡的。
【逆位】偉大的喜悅，快樂，正在享受中。

• 聖杯九－滿足

生命樹的階段：Yesod
要面對的課題：幸福

　　一個討人喜歡的人物已獲得心滿意足的享受，而且充裕提神的葡萄酒就放在他後方的拱型櫃枱上，似乎說明未來已獲得保障。這個人頭戴紅色帽子，身穿白衣，雙手抱胸，穩穩地坐在椅子上，神情十分愉悅，而背後的藍色桌布和桌上黃澄澄的九個聖杯，更相互輝映出喜樂的氣氛這張圖片僅提供物質層面，但尚有其他觀點。偉特塔羅牌的聖杯九象徵著幸福，一個男人開心的笑著，臉上展現著滿足的笑容，他身後酒杯像展示自己所得到的而排成了一排，代表著幸福、自在、成功等，在逆位時有兩種意思，代表著不完整、錯誤，但也同時暗示著真理與自由，的意思也不是太負面。

應用上的意義：
協調一致，滿足，美好的物質；還有勝利，成功，優勢；使問事者或是尋求諮詢的人感到滿意。
【逆位】真相，忠心，自由；但是有多樣的解讀，也包括錯誤與不完美的答案。

● 聖杯十 - 幸福

生命樹的階段：Malkuth

要面對的課題：滿足

　　聖杯在一道彩虹中顯現；下方有一個男人與一個女人正驚奇地與狂喜地注視著，顯然他們是丈夫與妻子。

　　他的右手環抱著她，左手高舉著；她也高舉起右手。兩個小孩正在附近跳舞而沒有看著這幕奇蹟，卻玩得不亦樂乎。遠方是家園的景象。這張牌意味著心靈的平靜與祥和，休息的狀態、喜悅與高興，現代有同居、定婚和結婚的意思，當牌呈現逆位時，象徵著憤怒或是表面的平和，存在著深層次的矛盾。

應用上的意義：

滿足，滿心安詳；完美的景況；也是人類愛情與友誼的完美關係；假若同時與其他有圖畫的紙牌放在一起，是代表一個人負責問卜者所關心的事物；也包括問卜者所居住的城鎮，村莊或國家。

【逆位】虛假心靈的歇息，憤怒，暴力。

• 聖杯侍衛，水原素中風的展現。（水之風）柔弱

PAGE of CUPS.

©1971 U.S. Games System, Inc.

他的頭上戴著一頂藍色帽子，與身上藍底紅色的外衣相互搭襯，從紅色上衣到紅色褲子，加上橘色鞋子，全身散發希望與外界連結的訊息。他左手插著腰，右手拿著黃色聖杯，聖杯裡探出一個魚頭，代表了純真和好奇心。

一位俊俏愉悅卻有點柔弱女子氣質的侍衛，有著勤奮好學與熱切的樣貌，正凝視著一條魚從聖杯中升起並看著他。這些圖描繪獲取心智的方式。

水原素代表著情感世界，侍衛是帶著風原素，加上聖杯的水特質，這是表示執著情緒化的一個角色。

應用上的意義：
俊俏年輕的男子，被驅使著提供服務給予問事請求指點迷津者，一位勤奮好學的年輕人；新聞，訊息；應用，反映，冥想；還有導向商業的事物。
【逆位】品味，傾向，愛慕忠誠，魅力誘惑，欺騙，詭詐奸計。

● 聖杯騎士，水原素中火的展現。（水之火）體貼

KNIGHT of CUPS.

一名身穿盔甲的男子，手握著黃色聖杯，坐在靜止不動的白馬上，未有任何往前的舉動，前方有一彎河流，遠方則有高山。

優雅卻不好戰的；靜悄悄地騎馬，戴著一頂有著翅膀的頭盔，與想像中的崇高恩典有關，有時做為這張紙牌的象徵。他也是個夢想家，然而感官的影像困擾著他的洞察力。

水原素代表著情感世界，騎士是帶著火原素，加上聖杯的水特質，這是表示忽冷忽熱的一個角色。

應用上的意義：

到達，接近——有時是一位信息者；前進，主張，風度，邀請，激勵，溫情。

【逆位】欺騙，狡詐詭計，敏銳，詐騙的，心非，騙子。

• 聖杯王后，水原素中水的展現。（水之水）溫柔

QUEEN of CUPS.

王后頭戴黃色后冠，身穿白袍，腳邊有豐沛的水流，美麗迷人，夢幻般的她從聖杯中看見遠景。然而，這僅是她的樣貌之一；她觀看但是也付諸行動，且她的行動茁壯她的夢想。

水原素代表著情感世界，王后是帶著水原素，加上聖杯的水特質，這是表示極富同理心的一個角色。

應用上的意義：

美好，美麗的女人；誠實奉獻的女人，她將為問事請求指點迷津者服務；忠誠的智慧因此擁有洞察的能力；成功，快樂，愉悅；還有智慧美德，一位完美的配偶與好母親。

【逆位】説法根據是有變化的；好母親；另一種説法是，高貴的母親但卻不可信賴；剛愎自用的母親；罪行，不名譽，墮落。

● 聖杯國王，水原素中土的展現。（水之土）慈祥

聖杯他的左手握著一個短王權，右手是一個巨大的杯子；他的王位是放置在海面上；一邊是正在航行的船隻，在另一邊是正在跳躍的海豚。其暗喻著聖杯的符號自然與水相關，因此出現在所有的宮廷牌中。

水原素表著情感世界，國王是帶著土原素，加上聖杯的水特質，這是表示情理兼顧的一個角色。

應用上的意義：

公正誠實的人，從事生意，法律或神學的藝術與科學，包括那些教授科學，法律與藝術者;不公平人;負責任，傾向於幫助問事請求指點迷津者;創意的智慧。

【逆位】不誠實，雙面人;欺騙，苛徵，罪行，醜聞，掠奪，相當多的損失。

6. 小阿爾克那（Minor Arcana）的解讀 ── 寶劍牌組

這個牌組的課題是理智的課題，每一張牌也是人的思想有關（所以是特別痛苦），很多時遇到這個課題也是較麻煩的。以經驗來看最多情況是在面對現實時抽出來，面對現實總會讓人不快，所以學這課題較為沒趣，如問的事情和哲學和宗教有關反而是較為正面。

寶劍牌組

● 寶劍 Ace 或稱寶劍一－思想

生命樹的階段： Kether
要面對的課題： 智慧思想

一隻手從雲裡伸出來，緊緊握著一把劍，這把劍又直又利，可以讓人感受到那股堅定穩實的力道，劍端環繞著一頂王冠和桂冠。劍的下方是一片山群，但山的顏色是藍色和棕色，而非綠色，天空的色彩是灰白的。正位代表事情有明智的方法解決，但這個方法不一定是兼顧所有情況而定。逆位時，象徵著思緒受阻，想法處於負面的態度，有想太多的意思。

應用上的意義：
勝利，任何事件的過度等級，征服勝利的勢力。這是代表巨大威力的牌，無論是對愛情或敵意。這頂王冠或許涵蓋著更崇高的涵義，相較於在算命的範疇內經常給予的解讀。
【逆位】意義相同，但是結果是悲慘的；另一種解說是，觀念，分娩，擴大，多樣性。

● 寶劍二 - 我執

生命樹的階段：Chokmah

要面對的課題：統治

　　女子身穿淺灰色的長袍，穩坐在石椅上，她的雙眼被白布矇著，雙手各握著一把劍，將它們交叉放在胸前，她運用肩膀的力量保持兩把劍的平衡女子就坐在海邊，身後是一大片海洋，海洋的近處有幾座小山，遠處則有黃色山脈，天空呈藍色，且有彎月高掛在空中。這是一個保護的狀態，環境平和卻無法放鬆，真的該作的事，其實是看清周圍並沒有要傷害他的人，瞭解到周圍的人和他意見不同並沒有傷害，當寶劍二逆位時暗示著背叛與欺騙，失去了靜思的耐性。

應用上的意義：

一致與平衡，那代表著勇氣，友誼與權力的和睦狀態；另外的解讀是溫和，影響，親近。關於和睦融洽或其他稱讚的解讀，必須在符合條件的手法下才能使用，因為寶劍通常在人類的事件中並非扮演有助益的力量。

【逆位】詐欺，虛假，欺騙，不忠誠。

● 寶劍三－悲傷

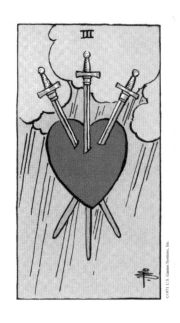

生命樹的階段：Binah

要面對的課題：善行

　　三把劍刺穿一顆心，背後是雲雨。這是一幅讓人看一眼就感到悲傷和痛苦的畫面，空中有三朵白色的雲，每一朵雲下面都有雨絲，三把藍色的劍分別從中間，左方和右方插穿紅色的心，象徵三股可怕的外來力量，把心給毀了，其傷痛可想而知。塔羅的寶劍三無論正反都像徵著新知識帶來的演化與破壞，這個改變而帶來的傷害只可以獨自承受，最痛苦的一點。寶劍三雖然象徵著進一步的演化，但是也要注意他帶來的破壞力，特別在感情方面，失望、傷心。

應用上的意義：

除掉，缺席，延誤，分裂，破裂，分散，離別，痛苦，正面襲來，以及這張構圖自然而然代表的所有意義，因為這些都過於簡單且明顯，難以稱為特別的涵義。

【逆位】精神的疏離，錯誤，損失，精神分散，混亂，困惑。

• 寶劍四 - 休息

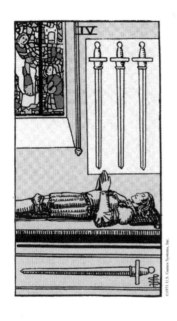

生命樹的階段：Chesd

要面對的課題：真實

　　一名騎士躺臥在石墓上身處的環境似是修道院的建築物，他雙手握著放在胸前，呈祈禱的姿勢，感覺平靜安詳，像在休息。他的身旁放著一把與他方向一致的劍，另外三把劍則高掛在他上方的牆上。

　　左上方有一塊彩繪玻璃彩繪的圖像是一個祈禱者跪在聖母面前，好像在誠心祈求著。騎士，石墓和石墓旁的劍皆呈黃色，而牆上的劍則是白色。偉特塔羅牌的寶劍四，正面時象徵著孤獨、警告、棺材，這也是為什麼圖上畫著一位騎士躺在棺木上，呈現平躺的姿態，情況不好而內心平靜，而當這張牌處於逆位時，又有妥善處理、謹慎、預防的意思，同時指出需要向前行。

應用上的意義：

警覺，引退，孤獨，隱士的歇息流放，墳墓與棺材。就是最後的這些涵義啟發這張牌的構圖。

【逆位】明智的經營管理，謹慎，節儉，貪婪，警惕，遺囑。

• 寶劍五－紛爭

生命樹的階段： Geburah

要面對的課題： 戰勝與挫敗

一個神態輕蔑驕傲，嘴角帶著笑意的男子，左手將兩把劍靠在肩上，右手握著第三把劍指向地面，正回頭看著兩名退避且氣餒沮喪的人。

男子是擁有這塊土地的主人，他剛與其他兩人發生爭鬥看著地上散落的兩把劍，以及一人黯然離去，一人手搗著臉的畫面，顯然男子是勝利者。天空雲朵紛亂象徵不安的氣氛。圖中的男人在爭論中勝利了，他迫使著大家都聽他的，卻失去了進步的力量，雖然是勝利但還未處理好當中參與人士的個人感受。這只是代表成功表面上的成功，但實際上卻失去更多。

應用上的意義：

降級，毀滅，撤回，聲名狼藉，不名譽，損失，以及所有相關變化的形容與同類辭。

【逆位】意義相同；埋葬，喪禮。

● 寶劍六 - 平靜

生命樹的階段： Tiphareth
要面對的課題： 科學

　　一艘小船上插著六把寶劍，船上有一個女人，一個小孩與一位船夫。船夫身穿藍上衣搭配橘外衣，腳上是一雙紅色的鞋子他手持長杖，正要將船駛離岸邊；女人穿著橘色的連帽上衣帽子把頭整個都覆蓋了，她的頭向下低垂；小孩身穿藍紫色衣服，坐在女人身邊。整個畫面感覺沉默安靜渡船夫用他的平底船載運旅客到遠方的岸邊，過程十分順暢且可以看出所載運的貨物很輕，這也許意味著，工作並未超出他的能力範圍。寶劍六常有過去傷痛的意味存在，當事人在身體或是心靈上常顯的疲憊不堪，許多人在這個時候仍顯得對周遭不信任，也有些人故意的忽略過去的傷痛，故意不去提他或是自己欺騙自己，寶劍六教導我們必須平靜的面對傷痛，逆位時代表懺悔、告解，還有指需要快點面對問題。

　　現在也會加上網絡溝通的意義在這副牌上，筆者在很多網絡有關的活動：如網店，交網友，自媒體也會發現這牌的出現。

應用上的意義：
經由水路的旅程，路線，道路者，委任，權宜之計。經由水路的交通，現代可指網絡上有關的資訊交流。
【逆位】宣佈，坦承，無路可走，沒有好對策，愛的告白，無望的提案，問題顯現。

● 寶劍七 - 奇想

生命樹的階段：Hod
要面對的課題：徒勞無功

　　一個男人戴著紅帽。穿著橘色衣服，藍色褲子和紅色鞋子，手裡拿了五把劍，是他趁著沒人守衛的空檔，從軍營之中偷出的。男子臉上一邊露出得意的表情，又一邊頻頻回頭看後面是否有人發現或追過來，顯示有所擔心。除了男人手上的五把劍，他身旁還有兩把因為搬不動而留在地上的劍，象徵雖然有部份成功，也有一定程度的失敗危險性。這個人代表他對求生願望的努力，試圖、計畫等等，有些時候他像徵著一項可能會失敗的計畫，這張卡象徵著太多的變數，你能作的只是努力，經驗上這牌也有欺騙的成分或不顧道德的考慮，簡單到時只需要創造性思考，逆位的寶劍七象徵著忠告、嘮叨、命令，需要實在的規劃。

應用上的意義：

計畫，圖謀，渴望，期盼，信心；也許會失敗的計畫，困擾。這個構圖的涵義是爭吵，不確定的亂語，因為其意義是很廣泛地根據彼此的變化。
【逆位】良好的建議，商議，指導，毀謗，胡言。

• 寶劍八－限制

生命樹的階段： Netzach

要面對的課題： 干擾

　　一個女人身穿橘紅衣服眼睛被白布矇住，身體也被白布條綑綁著，雙手背在身後，她赤腳踩在有水的泥濘地上，身邊有八把劍插在地上，將這名女子限制在一個狹小的空間裡遠方有一座很高大的石山山上有一城堡矗立在峭壁上雖然不是很大，但絕對清晰可見。這張牌代表著暫時的監禁，而非無法恢復的束縛。偉特要表示聖杯八的困境，且令人沮喪的狀況，但通常視一個短暫的時期，因為旁邊是沒有人看到著她，困著她不是實際的情況而是自己的恐懼，逆位時代表著不安與災難，老實說正逆位並沒有多大的不同，也代表困住自己的擔憂開始放下。

應用上的意義：

壞消息，極度的苦惱，危機，譴責，束縛的力量，衝突，毀謗；以及疾病。

【逆位】焦慮，困境，對抗，意外，背叛；未預見的事物；死亡宿命。

• 寶劍九－擔心

生命樹的階段：Yesod

要面對的課題：殘酷

一個女子身穿白衣，像是在午夜從夢中驚醒，獨自坐在臥榻上慟哭著，還把整個臉都埋在雙手裡，感覺悲傷又恐懼。

女子的床的上方有九把劍整齊地排列著，從畫面上看起來最下面的三把，與掩面坐著的女子交疊，好像將她刺穿一般。不過，女子所蓋的棉被卻是由象徵熱情的玫瑰和星座符號所組成的圖案。

她知道沒有任何的憂傷勝過於她所承受的。她的手掩面表現出了悲傷的姿態，寶劍橫跨在她的上方，她卻沒看見，這些她沒看見的寶劍象徵著她渾然不知且正朝著她來的厄運與壞消息，這張牌有死亡、欺騙、傷心絕望的意味抽到這一張牌很多事指出精神壓力極大，在反面時，代表著監禁、合理的懷疑、害怕，在麻煩的事情上想得更複雜。

應用上的意義：

死亡，失敗，失誤，延誤，欺騙。

【逆位】禁錮，猜疑，懷疑，合理的恐懼，羞愧。

• 寶劍十 - 失敗

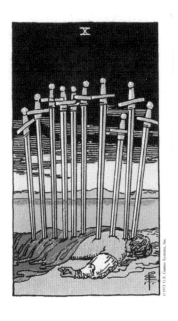

生命樹的階段：Malkuth
要面對的課題：毀壞

　　一具俯臥的人，身穿白上衣配橘外衣，衣服上蓋著一塊紅布，身上被十把劍插著，這十把劍從頭部到腰部排成一直線遠方有一片藍色的海和山脈，一大半的天空被黑暗與烏雲佔據，但在藍色山脈和烏雲之間，露出一片鮮黃色的天空在絕望中有了一線生機。一個躺在地上的人，身上插著十把劍，偉特藉這個解釋表達悲傷、痛苦與眼淚，不過他卻提醒我們這不全然是一張代表死亡的牌，肉體上的死亡要加多幾張牌才能判斷，不能單指一張牌，當偉特的寶劍十處於逆位時，象徵著成功與對事情的優勢位置，但也並非永久的勝利，需要見好就收。

應用上的意義：
任何由此構圖所暗示的涵義；還有痛苦，折磨，淚水，悲傷，孤寂。這張紙牌並不特別意味著因暴力引起的死亡。
【逆位】優勢，利益，成功，恩惠，看似美好愉快，但這一切皆不是永久的；還有權力與威權，也是如此。

• 寶劍侍衛，風原素中風的展現。（風之風）機警

PAGE of SWORDS.
©1971 U.S. Games Systems, Inc.

　　寶劍侍衛一個輕盈，活躍的人雙手高舉著一把劍，正敏捷地行走著。他正經過高低不平的路面行經的路上，天空的雲狂亂地排列在一起。他是警覺而輕盈的，觀察這條路再看看那邊，好似期待中的敵人隨時會現。

　　他的穿著簡潔俐落，沒戴帽子，將頭髮束起，讓人感覺輕巧快捷。他的身後是一大片天空，天空上有白色雲朵與一群飛鳥。

　　風原素代表著思想世界，侍衛是帶著風原素，加上寶劍的風特質，這是表示衝動不守原則的一個角色。

應用上的意義：

權威，監視，秘密任務，警覺，暗中刺探，檢查，以及其他同屬性的特質。

【逆位】這些特質的邪惡面；未預見的事物，未作準備的狀態；也有疾病的暗示。

● 寶劍騎士，風原素中火的展現。（風之火）強勢

KNIGHT of SWORDS.

他全副武裝，身著紅色披風，揮舞著寶劍，騎著白馬，目光直視遠方，風馳電掣般地往前奔去，猶如正在分裂潰散他的敵人。在這個設計裡，他是浪漫騎士精神的典型原貌他幾乎就是圓桌武士之一加拉哈特（Galahad）的化身，劍法迅捷而穩健，因為他的心是公正純潔的。

風原素代表著思想世界，騎士是帶著火原素，加上寶劍的風特質，這是表示理性而有行動力的一個角色。

應用上的意義：

技能，勇敢，有能力，抵禦，演說談吐，敵意，憤怒，戰爭，毀滅，對抗，反抗，破壞。所以這張牌也另有一層涵義，代表著死亡，但僅針對鄰近具有死亡宿命象徵的牌時。

【逆位】輕率，無能，無節制。

• 寶劍王后，風原素中水的展現。（風之水）道德

王后頭戴黃色后冠，身穿白色袍服，還有藍底白色雲朵圖騰滾黃邊的披風，面容是嚴肅正經但和緩的；近似悲傷的狀態。

王后側身坐著，右手將寶劍垂直舉起，劍柄輕靠在皇椅的其中一個扶手上，左手向外伸出並舉起手臂；座椅的扶手旁有一個天使頭像，椅腳有蝴蝶的圖樣；身後的遠方有幾棵樹和小河流，天空中有一隻孤獨的飛鳥。這張牌不代表慈悲憐憫，儘管擁有寶劍，但她決不是力量的象徵。

風原素代表著思想世界，王后是帶著水原素，加上寶劍的風特質，這是表示理性而考慮人性的一個角色。

應用上的意義：

守寡，女性的悲傷與難堪，缺席不孕，服喪，貧困，分離。

【逆位】敵意，頑固，狡詐，過分拘謹，欺騙。

● 寶劍國王，風原素中土的展現。（風之土）嚴肅

KING of SWORDS.

©1971 U.S. Games Systems, Inc.

寶劍國王正襟危坐地正對前方表情嚴肅，頭戴金色王冠紅色帽子，身穿藍色系的王袍和披肩，身後有白色蝴蝶的圖騰，右手高舉著寶劍他扮演審判的角色，握著他所屬花色的未入鞘的寶劍。

他自然使人想起在大阿爾克那牌中傳統正義的象徵，他也許代表這項美德，但他更是主宰生命與死亡的力量，基於他職務所應有的優點。

風原素代表著思想世界，國王是帶著土原素，加上寶劍的風特質，這是表示處事快狠準一個角色。

應用上的意義：

凡是由審判所產生的任何想法或與之相關的一切——權力，命令，權威，戰鬥的智法律，王位，與此類推。

【逆位】殘酷，倔強剛愎，殘暴，忘恩負義惡的意圖。

7. 小阿爾克那（Minor Arcana）的解讀 ── 錢幣牌組

這個牌組的課題是物質關係，每一張牌也是和錢的有關，這也是一個人生在和錢打交道的過程。這些牌會出現在任何情況，以經驗來看較最多情況是在投資和營商時抽出來，還有一些和錢有關的計劃；如在感情出現太多這種牌，則代表太過流於形式或物質上，不是好現象。

錢幣牌組

● 錢幣 Ace 或稱錢幣一 - 物質

生命樹的階段：Kether

要面對的課題：物質形成

從雲裡伸出來的一隻手，捧握著一個五角星，雖然只是單手拿著，卻讓人感覺放心，穩固而踏實。

背景是一座長滿了美麗繁茂花草的庭園，從綠樹拱門看向遠方，有一座白色的山，這象徵除了物質之外，還可以延伸到精神層面。錢幣一代表著一項新的工作、新的收入或是投資的開始。錢幣一有著土元素的穩定，必須注意的是這排是一個比較長遠的規劃，要耐心經營才有收穫，處於逆位時，暗示著當事人正被物質的事物給限制住，欠缺金錢與穩定的狀態讓他感到緊張，需要衡量自己的能力。

應用上的意義：

全然的滿足，幸福，狂喜，也是迅速的情報；黃金。

【逆位】富裕的邪惡面，不好的情報；龐大的財富。在任何的情況都呈現富饒，舒適的物質條件，但擁有者究竟是優勢還是劣勢，則必須視是對於財富的紙牌的正逆位而定。

● 錢幣二 - 流通

生命樹的階段：Chokmah
要面對的課題：改變

　　一個頭戴紅色高帽子，身穿紅衣搭配橘色外衣，還有紅褲和綠鞋的年輕人，正在跳舞，兩手裡各拿著一個五角星，並由一個倒 8 的環狀繩索連接在一起，像是在玩樂耍弄一般。年輕人的背後是劇烈的海浪，有一大一小的兩艘船正隨著海浪起伏。錢幣二的真正意義，生活的波動與交流的意義，一項合作開始於平和的狀態，卻不保證好運到底，金幣二的波動性很強，後方的波浪暗示著麻煩與阻礙的到來，代表打工所得到的收穫。錢幣二的逆位，偉特甚至沒有提到麻煩會變得更加複雜，但這些事究竟增加還是減少，要看其他牌再做判斷，這只是複雜化的過程，不代表絕對的好壞。

應用上的意義：
一方面是象徵慶祝活動，娛樂與相關的事物，是這張構圖的要義；但是它也可解讀為書寫的消息或訊息，以及障礙，騷動，煩惱，混亂。
【逆位】強迫執行的慶祝活動，假裝的樂趣，如實不誇張的判斷，手寫，作曲，交換的信函。

● 錢幣三 - 計劃

生命樹的階段：Binah

要面對的課題：工作

　　一位雕刻家正在一間修道院工作，他站在椅子上，和身邊的兩個人，正拿著草圖，三人一起討論著工作的相關事宜。建築物的樑柱最上方，有三個五角星的圖案，下方則有一朵花，象徵著這是一個神聖且能量飽滿之地，讓人想真心為它付出和奉獻這是一個已經獲得獎賞的學徒或業餘者，此刻正誠摯地工作著。同時錢幣三代表了財物上的好消息，在錢幣二的合夥投資開始有了結果，雖然通常是開始的第一筆小財，不一定是大豐收，同時指一項技術的學習或是發現，在逆位時則解釋為平凡且欠缺磨練，不出色的工作表現，高估自己的能力。

應用上的意義：

　　專長，交易，需要技能的工作；然而，這通常被視為代表貴族，特權階級，名望與榮譽的牌。

【逆位】在工作或其他方面的庸才，幼稚，微小，薄弱。

● 錢幣四－固守

生命樹的階段： Chesd

要面對的課題： 能力

　　一個戴著有五角星圖騰王冠的男子，身穿紅色袍子，袍子下方有藍色衣邊，象徵擁有者的身份。男子穩坐在一個箱子上，雙手與臂膀緊抱著一個五角星，另外則有兩個五角星被他踩在腳下，顯示他堅持所擁有的所有資產，而且十分害怕失去所以緊緊地抓牢，不讓任何閃失發生男子的背後是一座城市，他將自己隔絕於城市之外，死守自己的財物。數字四出現時也常常暗示問題與財物有關，在反面時則象徵著、拖延、問題難以解決，在金錢上的問題則需要更謹慎的規劃與重新開始。

應用上的意義：

所有物的確保，固守擁有的東西，禮物，遺產，繼承。

【逆位】懸而未決，延遲，對立反抗。

● 錢幣五 - 貧困

生命樹的階段： Geburah
要面對的課題： 擔憂

　　兩位乞丐在冰天雪地中，步履蹣跚地前行，其中一個雙手握著拐杖，另一個則緊抓衣服，欲抵擋寒風，兩人的衣服都破爛不堪。

　　他們經過一間教堂，教堂的牆上有一扇透著亮光，且有著五個五角星圖案的彩繪玻璃窗，但他們卻視而不見繼續飢寒交迫地往前行。因短暫目前的困難忽略了心靈上的需要，這個在感情關係上會指因物質缺乏而變得短視，還有資源貧乏下變得難處理事情。

應用上的意義：
這張紙牌最重要的是預言物質的困難，無論是繪圖所闡釋的形式或其他方面，就是指貧窮。有些紙牌占卜者認為，這是張代表愛與戀人的牌妻子，丈夫，朋友，情婦；同時也代表這些象徵無法協調一起。
【逆位】失序，混亂，毀滅，不和，放蕩。

● 錢幣六－佈施

生命樹的階段：Tiphareth

要面對的課題：成功

一個穿著商人裝扮的人身旁跪著兩個乞丐，商人的左手正用天秤在秤量金錢，右手則同時將錢分發給身邊這些貧窮與困苦的人，這是他個人生活的成功與善良心地的表徵。

在商人的上方空中，有六個五角星，象徵著商人的富有，而左手的天秤和右手的給予，則表示商人的精算與慷慨，十分平衡，他另一隻手仍然拿著秤，表示他同時在計算著他的付出是不是有智慧，他仍然計較著得失，他雖然在學習與人分享，同時在警告他自己不可以陷入財物的困境，偉特將這張牌解釋為禮物、警惕與接受施捨，逆位時代表著慾望、貪婪、嫉妒羨慕，還有不能滿足的慾望。

應用上的意義：

贈與，禮物，滿足喜悅；另有種說法是，注意，警覺；此刻是公認的時間，目前的繁榮興旺等等。

【逆位】 慾望，貪心，羨慕，假象。

● 錢幣七 - 待機

生命樹的階段：Hod
要面對的課題：不足

　　一位年輕人把下巴靠在他的長杖上，專注地看著六個五角星堆放在右方的綠色樹叢上這些都是他長期努力得來的成果，讓他感到欣慰和滿足。有人也許會說這些都是他的寶藏，他所有的心力都用在這裡，但是擁有了這些之後，接下來該怎麼做呢？他腳邊還有一個五角星，即說明了他將要完成結果前的困惑和徬徨。錢幣七象徵著過去的努力得到收穫，一個男人與地上類似種植出來的七個金幣，那是他付出的心血（也是一些持續性收入），偉特同時給予這張牌有關於爭吵的意味。在逆位時表示正在為了一些借貸而煩惱，因財政預算太過樂觀。

應用上的意義：
這些是極度矛盾對立的；主要的意義是代表金錢，生意，貿易；但是有一種解讀提供爭論，吵鬧以及純真，靈巧，淨化的意義。
【逆位】由於金錢而引發的焦慮，也許是因為被要求借貸予他人。

● 錢幣八 - 專業

生命樹的階段： Netzach

要面對的課題： 慎重

　　一位藝術家坐在長椅子上工作，他既專注又認真，勤奮不懈地刻著五角星錢幣，右邊一直排的五角星即是他的工作成果，而腳邊還有一個未完成。

　　藝術家的身後遠方有一條黃色的道路，它通往更遠的城鎮象徵藝術家雖將大多數時間投入於工作，但偶有機會，仍保持與人群的互動連結。這個也是一張學習的牌，而且是更進一步自行創作的牌，逆位時代表著貪心、空虛、或投機取巧，勉強做一些能力範圍以外的事。

應用上的意義：

工作，受僱，委任，技藝，在工藝與商業方面的技術，也許是處於準備的階段。

【逆位】無用的抱負，虛幻，貪心，勒索，高利貸。它或許也代表著擁有技術，關於靈巧的心智轉變為狡猾與陰謀。

● 錢幣九 - 魅力

生命樹的階段： Yesod
要面對的課題： 贏得

　　一位身穿黃色長袍，長袍上有著美麗圖案的女子，站在她的莊園裡，莊園裡有茂盛的葡萄藤，看起來物資十分豐沛。她的左手戴著白手套，一隻被紅布蓋著頭的鳥兒停在手套上，女子的姿態十分優雅，展現出貴族生活的閒情逸緻。

　　女子腳下的土地和遠方天空都是鮮亮的黃色系。這是一片廣闊的領土，意味著所有事物都是茂盛繁多的，也許這一切都是她的財產，這證明在物質方面的富裕安康。從環境上看周圍是豐收的葡萄，九月是豐收的季節也暗示了和錢幣九的關連，這個女人看到也掌握了她身邊所有的事物，她感到舒適且安全，偉特藉由這張牌表示確信、擁有、因審慎而獲得的成功，在逆位時代表著欺騙，無意義或無效的事情。

應用上的意義：
節儉，安全，成功，成就，確實洞察力。
【逆位】壞事，欺騙，廢棄的計畫，不良意圖。

● 錢幣十 - 家產

生命樹的階段：Malkuth

要面對的課題：財富

　　一對男女在一座石製拱門的下方，那是通往一棟房子的入口，男子和女子互望，感情融洽，互動良好。他們身邊有一個身穿藍衣的小孩，小孩正一邊好奇地看著白色小狗，邊用手撫摸小狗，而小狗則望著坐在前方的高齡長者。畫面裡的元素十分豐富宣，人，動物，房屋皆融和在一起，最後再加上排列成生命之樹象徵的十個五角星，富足而圓滿湧。是一個收穫的時刻，如果你得到現在的豐碩成果，是因為過去努力的付出。這一張牌代表完美的家庭關係，家庭、財富、緊密的關係是偉特所要強調的，在逆位時則代表著失去、災禍等。

應用上的意義：

獲得，財富，家族事件，檔案紀錄摘錄，家庭的住所。

【逆位】機會，死亡宿命，損失，搶劫，冒險遊戲；有時候亦代表禮物，嫁妝，津貼。

• 錢幣侍衛，土原素中風的展現。（土之風）運用

PAGE of PENTACLES.

一位朝氣蓬勃的年輕人頭戴紅色帽子，身穿綠色外衣以及橘色上衣，腰帶，褲子和靴子，全身散發求知的慾望。他站在綠油油的草地上，遠方有茂盛的樹木，以及藍色的山脈，背景則是一整片的鮮亮黃色！他熱切地注視著，盤旋在他舉起的雙手中的五角星。他緩慢地移動著，並沒有意識到週遭的事物。

土原素代表著物質世界，侍衛是帶著風原素，加上錢幣的土特質，這是表示有點矛盾一個角色。

應用上的意義：

專注，學習研究，學術成就，反應；另有一種說法是，消息，訊息與這些的提供者；還有統治支配，管理。

【逆位】揮霍，浪費，慷慨，奢華；不利的消息。

● 錢幣騎士，土原素中火的展現。（土之火）累積

KNIGHT of PENTACLES.

©1971 U.S. Games Systems, Inc.

一名頭戴頭盔，身穿盔甲的騎士，用戴著手套的手拿著五角星，騎在黑色馬兒身上沒有行動之意，馬兒也站得穩穩的，一動也不動，遠方有紅色的土地和黃色山脈，象徵豐饒的物質資源。

他騎著一匹緩慢，持久沉重的馬，正與他的樣貌相應。他展示著他的符號，但是卻未看著它。

土原素代表著物質世界，騎士是帶著火原素，加上錢幣的土特質，這是表示有點踏實一個角色。

應用上的意義：

效用，有用的事物，利益，責任正直公正，以上皆屬於正常與外部的層面。

【逆位】遲鈍，懶惰，這類型的停息狀態，停滯；還有平穩沉著，氣餒，粗心大意。

● 錢幣王后，土原素中水的展現。（土之水）母愛

她頭戴黃色皇冠，身穿紅色袍子，搭配綠色披風，她低頭看著由自己雙手捧著的五角星，表情端莊而不嚴肅，平靜而不冷漠，座椅上方有美麗的花叢，腳邊是綠草和黃土，而遠方則有藍色的山脈。

從面容上可以看出她是一位黝黑的女人，在她身上的所有特質可以歸納為靈性的崇高偉大之總和；她同時擁有重要莊嚴的智慧；她凝視著自己的符號，且也許看見當中的世界。

土原素表著物質世界，王后是帶著水原素，加上錢幣的土特質，這是表示十分保守而存在彈性一個角色。

應用上的意義：

豐富，慷慨，壯觀華麗，安全，自由解放。

【逆位】邪惡，猜疑，懸而未定，恐懼，不信任。

● 錢幣國王，土原素中土的展現。（土之土）踏實

KING of PENTACLES.

©1971 U.S. Games Systems, Inc.

　　國王臉色有些陰暗，同時也象徵著勇氣，但卻有些毫無生氣的傾向。公牛頭應特別注意是在王位上一再重複的符號，這組花色紙牌的符號都是以五角星刻畫或描繪的，相當於人類特質的四個要素的典型，並因此受五角星形的影響。

　　在許多古老的塔羅紙牌中這套花色牌代表當時流通的貨幣，金錢與法國古銀幣，所以是代表著物質的成功，國王是帶著土原素，加上錢幣的土特質，這是表示十分保守的一個角色。

應用上的意義：

英勇，智慧領悟，商業與普通智識的能力，有時是數理方面的天賦或這方面知識；在這些路線方面的成功。

【逆位】邪惡，軟弱，醜惡，剛愎倔強，墮落腐化，冒險。

8. 牌陣的運用和使用塔羅牌的步驟

塔羅牌的步驟

塔羅牌的解讀可以十分隨意，但也有一些約定俗成的步驟。

第一步：先瞭解問題

對我來說這是一個很重要的步驟，因為一個不清楚的問題也不能帶來一個清楚的答案。

第二步：為問題設定適當的解讀方式

很多人其實他不知道自己想問什麼，你要開始嘗試瞭解他背後的意義，究竟他問的問題是不是他真的想需要，這個分類的方法可參考他的句子完不完整，或者這個邏輯性清不清楚。

如果有需要你可以覆述他的問題，再加上用自己所理解的句子和他確認一次，這會避免溝通的誤會。

第三步：使用適當的牌陣處理相關的問題

你瞭解到問題的性質後，就可以考慮用什麼方式想這個問題，選擇適當的牌陣，打個比方他只需要一個是否的答案，就不用選擇一些全面瞭解的牌陣，對他來說全面瞭解只是一些沙石，反而對他幫助不大。

如這個人需要的是一個全面的瞭解，然後再做決定的話，一個全面分析的牌陣就適合他了。

第四步：是解讀當中的意義

這個部分就是幫大家洗牌抽牌，然後演繹當中的意思，這個才是最重要的部分！有些東西你也要注意的。有些人會很心急想知道答案，但你的專業是不被他帶著走的，所以要慢慢表達你所看到的內容；有些時候你解不通的話，可以再多點時間再想，讓自己再瞭解這牌的意義，當你還沒掌握情況時，不要勉強做出一些分析，對大家也沒有好處！

第五步：問卜者的反饋

　　解說完牌中的意思，下一步可以讓問卜者再追加問題，把一些他原來聽不懂的話糾正過來，也可以鼓勵他追問一些事，讓您能更深入瞭解事情。很多時問卜者也十分緊張，所以給他們一點時間整理是必需的！

牌陣的運用

　　塔羅牌的意義可說是十分廣泛，如果一張牌不賦予特定的主題或特定的解法，這張牌可以什麼解說也沒有問題的，但這個方法的缺點是問卜者很難理解你的意思，所以才需牌陣這規範化的方法去解牌，還有牌陣能夠善用的話可以宏觀看這個事情，給予更專業的意見。

　　當知道朋友想問的問題，先讓自己靜心想幾秒，想一想怎樣才能幫到他，究竟是需要一個清楚答案，瞭解全盤狀況後讓他再決定，還是他需要一個選擇？所以溝通是一個很重要的位置。

> **● 時間型牌陣**
>
> 　　這是十分實用的牌陣。也是許多牌陣的基礎。英文名字十分直接就是「Three Card Spread」。各位置涵義如下：

　　（1）過去
　　（2）現在
　　（3）未來

　　通常設定的時間為 3 個月到 6 個月的情況，這是我較為常用的牌陣，其實牌陣不用太花巧的！

　　時間型牌陣其實很多變化！看看實際需要有點修改，如每月一張牌（共抽12 張）、每星期一張（但不要太貪心，最多以三個月，即是 12 張）

• 選擇性牌陣——二選一牌陣

塔羅牌的必中二選一占卜法，主要用於占卜事業、愛情。最適合處於選擇期的人使用。是否換工作？兩個情人該選誰？這個占卜法最適合解答問題了。

牌所在位置表示的意義：

（1）問卜者自身的狀況、心情。

（2）與 A 的狀況。

（3）與 B 的狀況。

（4）與 A 的未來發展。

（5）與 B 的未來發展。

• 感情牌陣

這個實用牌陣，在分析人際關係時很方便，也能避開很多枝節事情得到核心答案！

（1）問卜者的心態

（2）對方的心態

（3）目前狀況

（4）未來發展

第一個考慮的是雙方的心態是否一致？未來發展上如果不好，先找出問題，看看改變空間有多大。但遇到一些根本性問題——如對方花心或不重視自己，不要勉強去闖關！筆者見到最痛苦的人往往是苦戀強求的人，只一廂情願硬闖的「勇者」

> • **賽爾特十字牌陣**
>
> 　　這經典牌陣的好處能作全面性分析，以筆者的經驗針對一個方向的複雜的問題效果不錯。

（1）問題中心：呈現出問題的本質與核心

（2）阻力或助力：如果是好牌，表示對問題有幫助的助力；反之則為阻力。

（3）（a）當事人的理想目標（b）在目前情況下能達到的最理想結果

（4）基礎：已經存在的基礎

（5）過去：即將過去的影響

（6）未來：即將發生的事件

（7）態度：顯示當事人對此事的態度

（8）環境：對問題造成影響的外在因素

（9）希望或恐懼：當事人對此事的希望或恐懼

（10）結果：在前面九張牌的影響之下所得到的結果

　　牌陣並沒有好與壞，筆者在初學時有迷信能夠掌握更多的牌陣就能夠越準，而且越多牌的牌陣就越厲害，最厲害的是能夠如何合適地找到牌陣為問卜者服務，這才是最緊要的事！

9. 塔羅牌的注意事項和禁忌

　　塔羅牌給人披上一個神秘的面紗也有流傳很多的要注意事項或禁忌，但過去十多年的經驗過來後，發現很多注意事項和禁忌也是以訛傳訛，讓人害怕。

• 塔羅牌只是一個工具，並不存在什麼「牌靈」

　　塔羅牌是潛意識溝通的工具之一，透過這個工具可和問事者交流，不應將這工具再神化！坊間聽過很多奇怪的事，如必需要自己的靈有接觸，塔羅牌帶回來的時候必需要在枕頭下放置多天，幫塔羅牌起一個名字，還有定時和他聊天，唯有一些諸多奇怪的習俗也聽過，但筆者對這些事完全沒有做過，卻好好地渡過了十多年。

如果塔羅牌是這麼邪惡，還不如正正經經求救茅山道士，或依賴佛牌更為實際。

•為什麼替別人解答塔羅牌之後，會這麼累，這個是不正常嗎？

和別人解讀塔羅牌是一個頗消耗精神的一個活動，不要想太多，當增加經驗後盡輕鬆應付千奇百怪的問題怎麼會這麼累了。

•塔羅牌用舊了（或者想棄置），如何處理？

對我來說每一副塔羅牌也有一個故事，並不捨得棄置，但如果必需棄置的話可考慮用火（當然在安全情況下）將塔羅牌燃燒，徹底處理掉。

•什麼時間應該問？什麼時間不應該問？

如果同一個主題反對頻繁去問！很多時重複問題只為聽到心中所想的答案，這跌自欺欺人並不是找解決問題的方法，最好是一定時間內才可以重複問事，或者情況已根據牌中的建議而執行，需要下一步的指引。

當事情剛剛發生其實不應該問牌，應該讓自己冷靜下來（最少好好睡一覺吧）後才應該去問事，問牌者內心混亂下實在不能平靜想問題，這樣會影響準確度，而且很大機會選擇性聆聽！

•什麼東西我是能問的，有什麼事不應該問？

越和自己相關的事情越可以去問，而一些和你沒有切身關係的事，還是留給當事人去處理吧。

☾▦ 10.成為職業占卜師的意見

•你將會遇到千奇百怪的人！

特別是思路不清晰的人會不停鑽牛角尖（如果不轉牛角尖就不找你了），如果不幸地給這個人帶著話題，他是問卜者你是解釋的人，不應避免問卜者帶著走，幫不了別人之餘還浪費了大家的時間。

•收費的意義在哪裡？

收費的重點是把聲有需要的人和無聊的人造一個分隔，讓一些真正需要的人過來找你協助，免費的占卜知識而在初學的時候用作練習所需，免費占卜很多時會遇到一些抱著玩樂心態的人過來麻煩你，這些人通常極度浪費時間之外，也影響自己的心情。

還有很多占卜師也需要這份工作以賺取生活費用，長時間免費是對這些占卜師的一個否定。

•不要期望你自己是生神仙！

有些客人對你的期望是百分百準確，你必須要做好期望管理，讓客人也明白你答問的必有所偏差。

•不要將別人的責任負責自己身上！

你只是一個建議的人，別人最後選不選擇你的意見，他有很大的自由度，不要因為別人不聽意見而耿耿於懷。

•要謙虛！

很多行家越來越出名後，越來越有架子，但正確態度是，每一次都應該以謙卑的心態為別人解決問題，也不要放大自己的功勞！

•多善用新媒體宣傳

現在宣傳的渠道更多，常年初入行的時候只有報紙雜誌，現在已經百花齊放，在網絡上一天就可以紅起來，不同的網站也帶來不同的後果，所以可以細心瞭解當中的訊息！

Part C

互參實例篇：情景問題和處理方法

1. 在 2018 年頻頻遭殃的老朋友

男命八字命盤：

時	日	月	年
庚	辛	戊	壬
寅	巳	申	子

大運表：

7	己酉	17	庚戌	27	辛亥	37	壬子
47	癸丑	57	丙寅	67	丁卯	77	戊辰

八字分析：

此命造為男命，也是夢璃的一位老朋友的八字。引起夢璃興趣去研究此八字的原因是這位友人近來竟親自前來請教我一些關於他在上年（2018年）為何諸事不順，災禍連連的發生。

當我一看到他的八字時，就大概心中有數，也深深地知道他在上年確實是過了一個不容易的年頭。話說此命造乃辛金日元，自坐巳火為官殺，看似身弱，但辛金卻通根於月令申金，而日主兩旁左有比劫庚金，右有戊土印星來扶助，因此此八字乃身強氣旺之造。

身強的八字喜行異黨運（財、官和傷食），而身弱的八字則喜行自黨運（印和比劫）。此造辛金身強，則喜流年行水、木和火運，而忌行金和土之運。但可惜的是，2018年就偏偏正是強厚土（戊戌）的一年。這原本身旺的八字根本不勞印生，正所謂身旺印重，那怎會有好運在2018年可行呢？

事實上我這位友人在2018年時除了在工作和婚姻上都出了大問題外，更因為在一次駕車返工的途中發生了交通意外，導致盆骨骨折，要動手術之餘，更要留院多天。其實早就能從這八字中看到一些線索，2018年土厚金埋，再加上地支寅申巳三刑，主的正是交通意外。看來冥冥之中也早已斷定了我的老朋友在2018年之中註定要遭逢劫難。

♀ 塔羅分析：

這人遇上塔羅複合性的問題，可嘗試用一些時間型的牌陣幫手分析，再另外開一個針對性主題來分析一個較注意的事項，讓問占者可對自己的事能全盤瞭解狀況。

●　時間型牌陣

每一張牌指出一個時間段，如每月一張牌（共抽 6 張）、每星期一張（但不要太貪心，最多抽兩個月，即是 8 張），用來掌握當中的生命軌跡。

這次的命主需要知道災禍會不會再發生！所以時間性牌陣是一個好選擇。

這次幫命主想的問題：我這六個月的情況如何？

（1）星星
（2）月亮
（3）錢幣 2
（4）權杖 5
（5）權杖 9
（6）聖杯王牌

這 6 張牌分別代表未來六個月的情況：

第一張牌：星星是他的狀況不是穩定但在近未來情況已經好轉，因為已經找到一些適合的處理方法！

第二張牌：指下個月的情況，月亮指問題不存在，但是總有些不安。

第三張牌：指開始需要為金錢工作，而工作的難度是能應付到，但這個工作是一分耕耘一分收穫，不要期望改變太快。

第四張牌：未來第四個月的狀況，工作接踵而來雖然有點忙，但心態上願意面對這個挑戰！

第五張牌：工作真的很累，因為太多責任背在身上了，所以也不能聚焦最有價值的事！

最後一張牌：個月的結果指問卜者會遇到貴人，同時這隻牌有指一些人際
關係的新開始。

總體來説：這副牌是情況越來越好，而最重要是考慮自己的能力，不要太
過勉強！

🌙 2. 早結婚，早離婚的女子

命盤：

時	日主	月	年
乙	甲	己	庚
亥	寅	丑	戌

大運表：

8	戊子	18	丁亥	28	丙戌	38	乙酉
48	甲申	58	癸未	68	壬午	78	辛巳

😃 八字分析：

甲木日主生於丑土寒冷之月，財星當令，通根透天干有力。但凡女命看愛
情桃花和姻緣的首要是要看官殺星。

以此女子八字為例，庚金七殺星坐於年柱，因此這女命也會較其他人早熟，
而且早年的桃花運也會較旺，也較易認識得到男朋友。

在戊子的大運中，子會與月柱中的丑土內的申金正官星相合，但凡女命大
運或流年與官殺星合者，也主姻緣到。因此這女子也在子運中，即大約 17 歲
的時候，便會與一名男子發生超友誼關係，之後便與他結婚了。

不過好景不常，在他們一起大概幾年後，他們便又匆匆離婚了，主要的原
因是丈夫對她又打又罵。當中的原因我們也可以從這個八字裡看得出。因為在
她進入丁亥這個大運期間，丁火傷官會直剋年柱庚金官殺星（火剋金），因此
在此運中，也註定了她會和丈夫的感情發生問題，最終導致離婚收場。

綜觀此全局來說，但凡有此特徵八字的女子在交男性朋友上應較適宜採取保守謹慎的態度。因為此八字只有殺星而沒有官星，更重要的是局中沒有印星來化殺。因此令到庚金殺星可以直接攻身，傷害自己。

♋ 塔羅分析：

命主異性緣不錯是一個祝福，但智慧不夠就是不幸，先不要衝動被花言巧語所迷惑，情況許可持續問有關感情的事，能每個追求者都問一問會更好呢。

> **• 感情牌陣**
>
> 　　這個實用牌陣，在分析人際關時很方便，也能避開很多枝節事情得到核心答案！

（1）問卜者的心態——權杖 7
（2）對方的心態——寶劍 7
（3）目前狀況——聖杯 4
（4）未來發展——錢幣 5

第一個考慮的是雙方的心態是否一致？未來發展上如果不好，先找出問題，看看改變空間有多大。但遇到一些根本性問題——如對方花心或不重視自己，不要勉強去闖關！筆者見到最痛苦的人往往是苦戀強求的人，只一箱情願硬闖的「勇者」

第一張牌：問卜者的心情十分焦慮，一心想控制對方，而且有點不安的事她將愛情成為一個競爭遊戲了。

第二張牌：對方存心欺騙！所以講的東西也不真實，還有是所講的為自己利益而打算，無一句是真實的。

第三張牌：現在的情況有很多是不切實際的期望所構成，還有大家是上一些事件的支節也不是面對事實。

最後這張牌：未來是向無奈和不安正確這方向走下去，沒有一個可期待的結果。

總體來說：問卜者和對方心態也是立心不良，問卜者的心態是想戰勝對方，對方即時拖住這個人，不會有什麼好結果。

• 時間性牌陣

　　這是十分實用的牌陣。也是許多牌陣的基礎。英文名字十分直接就是「Three Card Spread」。各位置涵義如下：

（1）過去——寶劍 7
（2）現在——正義
（3）未來——權杖 9

通常設定的時間為 3 個月到 6 個月的情況，遇上好的事情不妨主動爭取，有懷疑就謹慎行事或忍痛放棄！

在第一個問題看出問卜者這是一個有很強鬥心的人，所以不能設定太遠的時間，最多是三個月。

第一張牌：這個關係是存在欺騙，也不是什麼很好的關係，只是美化得很好。

第二張牌：需要現智地處理這個關係，因為當中的跡象十分明顯！

第三張牌：未來的結果是傷痕累累，但中間因為接觸的矛盾太多，所以也不知道為什麼要這麼辛苦。

總體來說：這是一個完全不應期待的關係，現在既然已經這麼清楚狀況，不如放手認輸。

3. 世界知名籃球員──姚明

姚明的命盤：

辛	戊	乙	庚
酉	子	酉	甲

大運表：

9	丙戌	19	丁亥	29	戊子	39	己丑
49	庚寅	59	辛卯	69	壬長	79	癸巳

😀 八字分析：

　　命主日元戊土生在酉金之月，傷官當令。從全局的角度來看，日主戊土無根，再加上申酉金當令及通根透干，令全局金氣極旺。因此日元便得以棄命並從勢，是為從兒格。

　　此命局以金和水為用神，因從兒格的人最喜愛遇到食傷和財星。姚明這個八字食傷洩秀旺極而喜用，因此他打籃球（才技）十分了得，在國際籃球壇上也打出名堂。

　　另外，本局的子水財星也得金之生，顯得強旺而有力。可謂是從兒又見兒的大富大貴的高尚格局，因此他能在行水運的年賺得盤滿缽滿。

😀 大運分析：

　　9 歲的大運：這個行丙戌的早年少年運，因丙火印星剋制食傷，所以令姚明的才能未得到發揮。

　　19 歲的大運：這個丁亥的大運，正好就是亥水財星的喜神運。因此在這十年間，姚明的籃球之途一帆風順，屢創佳績，更由中國青年隊進軍 NBA 而成為明星球員。

　　29 歲的大運：這個戊子的大運，也是子水財星的旺地。姚明能夠繼續大富大貴，皆因用神被幫助之餘更是財氣通門戶，成為中國體壇財富榜的第一位，估計身家高達二十億元以上，富甲一方。

💝 塔羅分析：

姚明人生有兩個重大轉折點，一個 1999 年後應不應該到美國參加 NBA 選秀，還有在 2011 年應不應該退役。

問題一：1999 年應不應該去美國參加 NBA 選秀？

• **時間性牌陣**

這是十分實用的牌陣。也是許多牌陣的基礎。英文名字十分直接就是「Three Card Spread」。各位置涵義如下：

（1）過去──權杖 6
（2）現在──寶劍 5
（3）未來──寶劍 6

雖然他過去情況極為理想，有很多優秀而令大家放心的成績讓自己有條件進軍美國，但現在卻被多方面的麻煩事所困擾，要突破這些困難需要以魚死網破的決心才能衝破，再看到顯示未來的牌表示應慢慢等待，情況會在將來慢慢變好，所以最後不建議立即在 1999 年就過去，應先處理手上的難題再嘗試！

問題二：2011 年應不應該退役？

• **時間型牌陣**

每一張牌指出一個時間段，如每月一張牌（共抽 6 張）、每星期一張（但不要太貪心，最多抽兩個月，即是 8 張），用來掌握當中的生命軌跡。

這次命主考慮的問題是：我這六個月的健康情況如何？

如果健康情況能改善當然繼續，但傷患繼續困擾勉強留下也不是好事情！

（1）高塔

（2）寶劍 9

（3）聖杯 4

（4）權杖 7

（5）戰車

（6）魔鬼

這一次的傷患是一個重大的打擊（高塔），所以需要艱苦的治療後情況才能情況轉好，過程不易過，然後面對的不止是身體上的傷患，也要面對精神壓力（寶劍 9），還有開始思考自己的路應不應該繼續下去（聖杯 4）。在嘗試重新練習時才發覺不止一個位置出現問題（權杖 7），再換方法重新出發卻也遇到不少的障礙（戰車），最後也很難衝破這些難關（魔鬼）。雖然身體已經康復，但也已經不敢再衝刺了（魔鬼）。

結論：還是退役吧，在精神狀況變好時才考慮復出。

4. 在 2018 年事業一飛沖天的設計師

八字命盤（男）：

時	日	月	年
己	丙	戊	戊
丑	寅	午	午

大運表：

9	丁巳	19	丙辰	29	乙卯	39	甲寅
49	癸丑	59	壬子	69	辛亥	79	庚戌

八字分析：

此命造是夢璃一位友人的表叔的八字，友人親手奉上這個八字來請教我，為何她的表叔在上年（2018 年）戊戌這個年頭裡，在事業上能取得重大的成

就，在名與利上都能創下一個高峰。

在夢璃一眼看到這個八字時，大概也已經知道，為何該八字的命主能在2018戊戌年裡創下人生事業上的高峰。話説此八字最特別之處，莫過於這是一個特別的八字格局，而非平時常見的普通正格。

此八字土（食傷）的力量是非常強，丙火日主生於午火之月，地支寅午半合火局，令日主看似身強氣旺。但火的力量卻給全力的去轉生土，從而令到食傷土的力量天透地藏，變得很強。因此是八字的日主丙火只能棄命從食傷，是為從兒格。

但凡從兒格的人天生就有很好的技藝才能，只要行運不晦，多數能創出一片屬於自己的天地，發光發熱和取得重大的成就。觀乎此八字，在2018戊戌年正好行中土力最強的食傷大運，因此本身從事設計行業的命主，就令他的才能在2018年裡得到大釋放，創出自己獨樹一格的設計風格，而且更被大眾各界一致公認及得到大老闆的欣賞，成功地在2018年裡突圍而出，為自己的事業和地位推向另一個高峰。

♀ 塔羅分析：

有些人在運勢好的時間會不敢試問塔羅占卜，怕會將運勢扭轉過來，但筆者眼中這個疑慮並不存在，正如身體健康時也需要身體檢查，為的是預防將來的變化呢！命主可定期看看一些時間性的牌陣。

還有，他需要和其他人合作所以可為某件重要的事情探個究竟。

- **時間性牌陣**
    （1）過去——權杖9
    （2）現在——錢幣6
    （3）未來——錢幣10

通常設定的時間為3個月到6個月的情況，再看看當中的變化流程，這牌可設定看較遠的時間，一來能看更多的範圍，另外已有的基礎不錯，所以不期待有太大變化！

第一張牌： 之前的情況是精力放在大多不同的地方上，浪費了精力，應該把這些精力專注一點才是成功之道。

第二張牌： 他付出的東西也有合理收穫，這個是一個不錯的牌，付出多少就得到多少。

第三張牌： 這是指物質的成功，只要問和工作有關的事也是個極好的結果，這牌也指出社會地位上有所提升。

總體來説：因為他修正了自己的方法，專注在一點後有很不錯的回報，辛勞耕耘的東西有所收穫！

5. 在政府機構任職的高級管理人員

命盤（男）：

時	日主	月	年
庚	癸	戊	辛
申	巳	戌	卯

大運表：

5	丁酉	15	丙申	25	乙未	35	甲午
45	癸巳	55	壬辰	65	辛卯	75	庚寅

八字分析：

日主癸水生於戌土之月，天干透出一個戊土的官星，並且通根透干，因此此八字的官星力量很強。尤幸的是日主有辛、庚金兩個有力的印星生助日主，以印來化殺助日主，因此日主本身能由弱轉強，是一個身強的八字，因此流年大運喜行傷食、財和官（木、火、土）的異黨運。

要特別指出的是，但凡以官印相生的八字，其命主也非常適合去擔任一些大型商業機構，或政府的工作，而往往也因為命中的官運比人強，只要配合行運，就可以好快升官發財，也較容易被上司賞識。

回到此八字上，命主在香港大學畢業後，剛好就是在 25 歲的乙未運（官殺）中，一路在政府某局的行政部門中，由最初的助理級升到高級的管理階層，一路官運亨通，扶搖直上。

探其原因，凡以正官取格或為用的人，也多是重紀律、講規範及有責任感的人。而這些正官的特質和優點正好可以發揮在公營機構的身上，因此也會較容易得到其上司器重，在其升官發財的道路上一片光明。

♉ 塔羅分析：

命主的工作上一帆風順，相信不是筆者的重要客戶之一，而在面試後問問能不能進去政府部門就可以，中間再問遇到難處理的同事如何相處就解決人生疑難。

• 人際關係牌陣

　　遇上較難處理的同事和上司，可用這陣分析對方狀況，看看和不能隨意變動的工作環境如何和難纏的人相處之道！

（1）問卜者的心態——權杖 4
（2）對方的心態——皇帝
（3）目前狀況——權杖王牌

第一張牌：指出他的心態想求穩定，不要有什麼重大挑戰。
第二張牌：這個人的權力慾很強，需要別人十分尊重他，還有不能挑戰他的權威。
第三張牌：需要問卜者所有工作最快的要開展，但是能不能成功，就是另外一回事，快速回應就是了！

總體來説：跟上司相處需要接受家長式管治，不能挑戰他的權威和尊重他，還有他交代的東西要最快速度表現出來，甚至要把你原來的工作進度放下去迎合他！

☾▦ 6. 在流年大破財和生病的已婚婦人

八字命盤（女）：

	日	月	年
乙	己	戊	丙
丑	丑	戌	寅

大運表：

1	丁酉	11	丙申	21	乙未	31	甲午
41	癸巳	51	壬辰	61	辛卯	71	庚寅

⊖ 八字分析：

　　這是一個在上年 2018 裡為了各種家庭、健康、財務與婚姻生活煩擾困憂了足足一整年的已婚女子的八字。

　　觀乎此女子的八字，己土日元生於戌月，月柱戊土通根透幹有力。全域連日元在內，總共有五個土，可見此局土（比劫）的力量很強，因此是一個屬於身強的八字。

　　但凡身強的八字喜行異黨運（傷食、財和官），忌行自黨運（印和比）。但 2018 年卻是戊戌厚土的一年，正好就是命主的比劫運，因此造成身旺比劫重的局面。

　　古書有云，身旺的命局最忌的就是行比劫的運，因為身旺走比劫運是主命主易生大病，破大財，更甚者會導致家破人亡。因此也難怪本例的女子會在 2018 年這個比劫流年中遭逢劫難，破財之餘又傷身。看來這一切在命中也早已有定數。

💝 塔羅分析：

我的健康如何？

- **時間性牌陣**
  - （1）過去──權杖 10
  - （2）現在──寶劍 9
  - （3）未來──戰車

　　這牌就是講這女士原來的生活壓力極重（權杖 10），已經令自己沒有減壓的空間，再加上思想也不自由，精神壓力令自己睡眠質素也下降了（寶劍 9），需要注意自己的平衡！如果情況持續下去會影響胃、膽囊、部分的消化器官（不包括腸道）及胸部（戰車），最擔心的是這些問題不往上解決壓力和精神負擔，身體上的問題不會好轉。

　　筆者其實不太建議用塔羅牌詢問健康有關的問題，而如果要用來看的話，可留意一些牌對星座有關的對應身體部位：

白羊座：人體頭部，容易造成與頭部相關的一些失調症，頭痛，偏頭疼，腦震盪，腦神經痛。

金牛座：人體頸部，包括甲狀腺和喉部。

雙子座：肺，手臂，手，跟四肢都有關係。

巨蟹座：胃，膽囊，部分的消化器官（不包括腸道）及胸部。

獅子座：心臟，脊椎和上背部。

處女座：小腸，包括十二指腸，空腸，回腸，脾臟，小腸。

天秤座：腰部，腎臟，腎上腺素及腰的下半部。

天蠍座：排泄和生殖器官，包括直腸，膀胱和生殖器。

射手座：臀部和大腿。

摩羯座：膝蓋。

水瓶座：腳裸，包括膝蓋以下到腳步的小腿。

雙魚座：腳，以及下肢靜脈和神經線，筆者還認為跟糖尿病有關的問題。

7. 坐擁過億身家的上市公司生意人

命盤（男）：

時	日主	月	年
乙	辛	甲	癸
未	巳	寅	卯

大運表：

1	癸丑	11	壬子	21	辛亥	31	庚戌
41	己酉	51	戊申	61	丁未	71	丙午

八字分析：

命主辛金生於寅木之月，財星當令。觀其此八字中可以見到正偏財兩星雙透，而且通根透干於年月兩柱，天干還有癸水食傷星生助，可以說是財旺身弱的格局。

但凡財多身弱者大多終身為財勞碌奔波，或為財所累。所以一定要看大運的配合，尤其要走一些扶身的印比大運來生旺自身，由弱轉強之後，便能任得來有力的財星，取之為用。

觀其此八字早年行的北方水運，乃傷食忌神運，因此令自身的力量更弱（水來生木洩耗）。所以雖然命主在少年時也已經胸懷大志，想創出一番大事業，但最終也未能得償所願，鬱鬱不得志。

但當命主走到 31 歲中年的庚戌大運開始，一連走幾個金土（己酉、戊申）扶身大運，因此自身由弱轉強，終可任得起命中有的大財。

他在這三十年的金土印比大運中，由一個小小的低下階層做起，之後再成立了自己的公司，生意愈做愈好，愈做愈大。最終公司還成功上市，讓他搖身一變成為一個億萬的富翁。

從這個命例中我們不難看到，傷食生財再配上一個財氣通門戶，只要行運不悔，那麼必主命主會發一個大財啊！

♀ 塔羅分析：

命主可在每一年對事業問題來一個檢討，再對公司的業務上每年分析當中遇到的營運問題，什麼時間要進攻，什麼時間資金上需要小心運用給予一些參考指標！

上市有關的事情

將公司上市是一個複雜的功課，在前期的準備，找適合的專業人士，可靠的工作伙伴，再加上市況和運氣才成功，這個可考慮用六芒星牌陣先評估條件夠不夠，再作決定！

能不能成功上市，現在是時候嗎？

（1）過去──權杖 5
（2）現在──錢幣 7
（3）未來──權杖 6
（4）原因──錢幣 3
（5）環境──聖杯 10
（6）對策──權杖 3

第一張牌： 業務上十分忙碌而且很多不確定性，所以為保護自己弄得焦頭爛額，這個不是時候上市！

第二張牌： 現在的情況業務已經穩定，可以抽多一點時間來規劃將來，所以這個時候是適合做一些較遠程的規劃，例如上市，所以現在可以準備了。

第三張牌： 未來的情況十分理想，這牌的意思是業務上的成功，也明確反映這個計劃可以達成。

第四張牌： 他們願意聽取別人專業意見，而且走少很多冤枉路。

第五張牌： 指環境上十分友善，沒有什麼反對聲音阻止他們。

第六張牌： 指他們需要有清楚的計劃，按步就班去成功。

總體來說：這次的計畫有天時地利人和，沒有不成功的理由。

8. 知名國際鋼琴家 —— 郎朗

郎朗的命盤：

時	日主	月	年
庚	戊	丙	壬
申	辰	午	戌

大運表：

8	丁未	18	戊申	28	己酉	38	庚戌
48	辛亥	58	壬子	68	癸丑	78	甲寅

🌙 八字分析：

命主戊土生於午火之月，印星當令。綜觀此八字，因有丙火印星通根透根貼身生助日主，因此使這八字日主強旺（火生土）。

不過此八字生於午月，偏向火炎土燥，乃需要調侯為急。因此年干壬水正可用來調侯之用，所以需要金來作水的源頭。取以食傷為主要用神，以時柱庚申金食神泄秀為用。

郎朗的八字中先天命局已有食神泄透，因此非常適合於才藝界去發展，因此也註定了他可以在鋼琴界上有一番大成就，財富與名譽雙收。

🌙 大運分析：

8 歲的大運：早年少年運行了木火土忌神運，因此早年需要在學習鋼琴上努力地下苦功，專心費勁去鑽研。

18 歲的大運：戊申這個金旺的傷食喜神大運，正好加強了傷食泄秀的力量，因此能使此八字身食兩停，使郎朗的藝術才華得以發揮，在這個大運中他便開始在全球各地巡迴演出，賺到豐厚的收入，名利雙收。

28-68 歲的大運：踏進 28 歲的己酉大運開始，郎朗會一路走著 60 年的金水好運，也是傷食和財星的旺運。因此也註定了郎朗是一個大富大貴，好命貴格的人。

🌀 塔羅分析：

　　相信這些知名人士不用為工作上擔憂時，很多時也因響亮的名氣帶來人際關係而發愁，如感情上、友誼上或借錢的頭號目標，這些頻繁的事可每人也問一問，特別是和金錢有關的項目。

• 人際關係牌陣

　　當你認識某個人想瞭解他心裡的情況，可以使用這個簡單的三張牌牌陣來看看兩人的狀況，除了感情上也可瞭解他對你有沒有惡意。

問題：這新接觸的人和項目能不能合作？

（1）我對他的印象——聖杯 3
（2）他對我的印象——錢幣 6
（3）關係發展的可能性——寶劍 5

第一張牌： 自己對他的感覺是一個可以合作的人或可以交心的人。
第二張牌： 講對方的感覺是想求一些利益，或者工作機會。
第三張牌： 大家關係最後也是不和，也很難有發展機會。

　　總體來説：兩個人的期望差別很大，表面上可以溝通，但隨著深入瞭解時卻覺得是完全另一回事，可以放棄和這個人的項目合作，因這人不是把目光放遠，再溝通也出大問題。

9. 香港首富 —— 李嘉誠

李嘉誠的命盤：

時	日主	月	年
丁	庚	己	戊
亥	午	未	辰

大運表：

3	庚年	13	辛酉	23	壬戌	33	癸亥
43	甲子	53	乙丑	63	丙寅	73	丁卯

🍵 八字分析：

日主庚金生於未月，印星當令。命主屬於身強，因為此八字土的力量十分強，在天干的戊、己土通強根於未和辰兩土，可以貼身生助日主庚金（土生金）。因此令日主身強，足可擔任財官殺。

另外重要的是此八字的木氣也非常強。因未土就是木庫，當中藏著財官印的力量。而木就正好就是此八字的財，再加上藏於地支而不透，則更能將財富藏於自己的地方。

綜觀全局來看，命主身強，除了金和土的運外，基本上木、火、水運（財、官、食）也是喜用的好運。亥水食神乃財的來源（傷食生財），並且有官星丁火來守護財富。因此能使財富愈滾愈大，最終成為香港首富。

🍵 大運分析：

3-13 歲的大運：早年行庚申和辛酉的強金忌神大運，因此令李嘉誠少年時的命途充滿困難和需要拼博，也不能有好的學業發展。

23-33 歲的大運：由壬戌運開始運勢一路好轉，尤其是到 33 歲的這個癸亥大運，乃是北方水運的旺地。那即是傷食大運，財星得到強旺來源的好運。因此此運李嘉誠開始生意上愈做愈好，蒸蒸日上。成立自己的公司由塑膠廠的生意再轉戰上地產業，正式踏上富翁之路。

43-73 歲的大運：一路走著水、木、火的食傷、財和官殺的旺運，因此會隨著年齡的增長，而變得更加的有成就和地位。

💗 塔羅分析：

　　筆者並不認為李先生有問塔羅牌的需要，但夢璃提出案例就嘗試分析一個案例吧！

業務上應不應該繼續全球化，成為國際企業？

　　（1）過去──權杖 6
　　（2）現在──錢幣 5
　　（3）未來──權杖 8
　　（4）原因──錢幣 10
　　（5）環境──權杖 3
　　（6）對策──節制

第一張牌： 情況十分理想，這牌的意思是業務上的成功，也明確反映這個計劃可以達成。
第二張牌： 業務已經穩定，留在原來地方並沒有太大的進步空間。
第三張牌： 需要向外闖才是一個出路，這世界天外有天，沒有限制。
第四張牌： 他們有足夠的資源應付挑戰，要將過去的經驗複製出來。
第五張牌： 指環境上已經找到對的方向，做就對了。
第六張牌： 能靈活調動手上的優勢就能成功。

總體來說：成為國際企業是指日可待的事。

10. 被好朋友奪去妻子和財富的商人

命盤：

時	日主	月	年
癸	戊	戊	戊
亥	辰	午	戌

大運表：

6	己未	16	庚申	26	辛酉	36	壬戌
46	癸亥	56	甲子	66	乙丑	76	丙寅

八字分析：

　　戊土日主生於午火燥熱之月，印星當令。此八字明顯是一個先天身強的八字，因為年月日三柱火土連成一氣，印比很強。因此身旺的八字宜行異黨運，亦即是傷食和財官運（命主的金、水、木運）。最忌的是再行扶身的印比大運，那麼命主必然受災。

　　在命主少年的己未忌神運中，因為出身於不是富裕的家庭，家中有四個兄弟。因此也沒有心機專注於學業的發展，反而在 14、15 歲的年紀便一心出來賺錢，想幫補家計，生活過得十分艱苦。

　　不過在他 16 歲之後便開始在工作上有了好的轉機。由於命主較他天勤奮和聰明（印比旺代表天資好），因此得到老闆的賞識，讓他有很多發揮機會，很快當上管工之職級之餘，也賺進較多的財富。

　　而他也在賺到足夠的本金後，便自立門戶，自己踏上了從商之路。而且也因為他的聰明才智，庚金傷食生財格，所以很快就讓公司上了軌道，賺進人生的第一桶金。並且他在辛酉 26 歲這個大運中也與在工作上認識的女子結了婚。因為酉運正好就與日主的日支辰土相合（辰酉合），動了夫妻官，所以便應了結婚了。

　　不過不幸的是當如日中天的他走到壬戌這個大運時，便應了災劫，被自己親如兄弟的好朋友橫刀奪愛之餘，更搶去了他的生意，令他差一些破產。歸咎

其因乃是當他走戌運比劫大運，令原本身旺印比重的他，走上忌神運，被比劫分財。

因此大家要注意的是，當八字身旺再遇比劫大運流年的時候，命主就要加倍防範身邊的朋友兄弟，以免被人搶去自己的妻財。

♡ 塔羅分析：

對命主的遭遇深表同情，如能定期用塔羅分析情況，遇上壞後果破壞性會減低很多！命主可定期瞭解公司的運作情況，再有不確定時再細問有什麼問題發生。

> ● 感情牌陣
>
> 　　這個實用牌陣，在分析人際關時很方便，也能避開很多枝節事情得到核心答案！

（1）問卜者的心態——錢幣 9
（2）對方的心態——魔鬼
（3）目前狀況——塔

問題：和這個人關係如何？

第一張牌：對這個人的沒有戒心，也沒有什麼擔心的事。

第二張牌：這人其實很注重物質和道德價值觀不高，遇到利益誘惑時會把持不住。

第三張牌：和這個人已經徹徹底底沒有交往，也不存在什麼過去的感激或關係。

總體來説：這個人可以完全放棄，不要浪費時間。

11. 搞笑喜劇之王──周星馳

周星馳的命盤：

時	日主	月	年
壬	辛	丙	壬
辰	卯	午	寅

大運表：

6	丁未	16	戊申	26	己酉	36	庚戌
46	辛亥	56	壬子	66	癸丑	76	甲寅

八字分析：

　　日主辛金生於午火之月，官星當令。若從全局來看，此八字的異黨力量太強，天干地支總共兩火（官殺）：兩水（傷官）和兩木（財星）共六個異黨對日主剋洩耗交加，只有時支辰土弱印生助日主，所以明顯的是一個非常身弱的八字。

　　因此命主要行扶身的金土（印比）大運才能有所作為。另外的是日主助偏財卯木也主其婚姻多變和感情有多的變化。

　　最後，年干和時干的兩個傷官壬水也顯示出命主先天的叛逆性和喜歡走出自我風格的道路。因此他才可以在演藝行業中創出他獨樹一格、與眾不同的無厘頭風格，成為喜劇界中的經典。

大運分析：

　　6 歲的大運：早年的這個丁未火土大運中，因天干壬水與丁火相合化木，而地支則午火與未土化火，所以此運中，周星馳的才華還未能充分展現到出來，被給予發掘。

　　16-46 歲的大運：這 40 多年的金土扶身喜神大運中，正好適合周星馳的發揮，也因此使命運來一個急轉向好，成功在演藝界上創出自己獨有的名堂，發富發貴。

56 歲的大運：這個壬子的強水傷官大運，也是適合周星馳才藝發展的。因此他可以由演員進身到導演的級數，拍出很多有質素的電影。

塔羅分析：

這位知名人士相信不太會有煩惱，筆者的經驗是當影視事業起步時問題會最多，如應付試鏡，處理和大老倌的相處，還有日夕相對行家們的感情事，後來的不是一帆風順、就是放棄轉行了。

周星馳就是由配角最始、到主角，再到現在的從商從政，如果塔羅能替他分憂，相信是初出道的時間。

• **事情牌陣**

針對一事情去的牌陣「Three Card Spread」。如試鏡成不成功，這戲受不受歡迎等等事情：

（1）過去——愚人
（2）現在——女祭司
（3）未來——太陽

問題：這戲能成功嗎？

第一張牌：這是個很創新的意念，以前並沒有人做過所以別人眼中風險極高，但當事人知道為什麼要這樣做。

第二張牌：相信自己的判斷慢慢等待別人認同或認知道你的存在。

第三張牌：結果非常理想也沒有什麼麻煩的困擾，可以準備向下一個目標前行。

總體來説：這是平地一聲雷的牌陣，事前得不到別人認同，但之後獲得別人的掌聲！結果十分成功。

12. 遭遇意外游泳時溺斃的不幸者

命盤（男）：

時	日主	月	年
壬	丙	辛	戊
辰	午	酉	辰

大運表：

5	壬戌	15	癸亥	25	甲子	35	乙丑
45	丙寅	55	丁卯	65	戊辰	75	己巳

八字分析：

日主丙火生於酉金之月，財星通根透干當令。綜觀全局，雖然丙火日主通根於坐下午火，看似日元不弱。但只需仔細一看，其餘六字皆是異黨，尤其是壬水殺星直接貼身剋著日主，令到日元由強轉弱。

另外值得注意的地方是，八字的天干全是透出食神、財和殺（土、金和水）的忌神，食生財，財又來生殺助剋日主。因此此八字只能取日主坐下午火來作用神。行運時也當行扶身的印比劫（木、火）大運，忌再行異黨運來剋洩耗日主。

當命主運行到甲子大運時，在一次與友人出海游泳中，不幸地溺斃在大海中。觀其箇中原因我們不難可以在此八字中看到在甲子大運中，子水官殺星直接沖擊命主唯一的命中用神午火，令到日主的根氣全失，遭遇橫禍，命喪於大海之中。

因此大家也要注意，但凡八字在流年大運走到沖擊日主根基底氣的時候，應當做任何事前也當要謹慎小心，以防不幸之災發生。

塔羅分析：

有一些牌是跟死亡是有關係，如寶劍 10、死神、塔、審判等等的牌，但不

是出現這些牌就一定代表死亡！通常在同一牌陣同時出現這些組合才有這個機率的，不應自己嚇自己！

問題：未來的健康狀況

> ● **時間型牌陣**
>
> 　　每一張牌指出一個時間段，如每月一張牌（共抽 6 張）、每星期一張（但不要太貪心，最多以兩個月，即是 8 張），用來掌握當中的生命軌跡。

　　（1）寶劍 10

　　（2）塔

　　（3）死神

　　（4）審判

　　（5）寶劍 6

　　（6）愚者

　　這副牌所講是未來 6 個月的健康情況，但這牌的組合更像靈魂流轉的過程，遇到時必需再三研究！第一月的是遇到肉體上的重大痛苦（寶劍 10），第二個月則是一個撕裂性的改變（塔），第三個月是一些永久性的改變（死神），下個月就是不可逆轉的改變（審判），再來是慢慢向下一階段進發（寶劍），最後是一個全新的開始（愚者）。如果是健康上的分析，已經不能再差了。

後記

能看到最後的人，相信是對占卜十分感興趣的朋友吧！學塔羅牌其實不太難，難在踏出第一步占卜，這是很需要勇氣的一步。

這一步看似很難，但其實回頭看很容易渡過這一關！靈活運用，了解對方所需要的真正問題，這才是解牌功力的差距地方。

還有就是道德操守上了，筆者將道德操守上看得極重，也有一些不同的堅持，可能別人覺得你笨，但心安理得就好了，我最初的操守是在美國塔羅協會的守則為主，再加上其他的專業訓練而得出來的，但你身為占卜師可參考他們的規條就可以了。

這份守則的原文可以在這裡下載：http://www.ata-tarot.com/

大致可以翻譯為：

1. 我將從問卜者的權益出發，提供專業建議，而不引起或意圖傷害。
2. 我將對問卜者一視同仁，不論其出身、種族、宗教、性別、年齡和性取向等。
3. 我將真實的表明我的塔羅資質，包括我的學習證書、資格證等級和占卜經驗等。
4. 我將對問卜者的姓名、以及一切占卜中得知的信息嚴格保密，除非問卜者要求或法律規定。
5. 我將建議問卜者去專業的機構諮詢法律、財務、醫療或精神問題。即使我在這些領域擁有專業資質，我也將嚴格區分塔羅占卜和專業建議。
6. 我將預先向問卜者表明是否收費並就費用協商一致（如有）；若在占卜過程中問卜者提出進一步的要求，額外的費用也必須在進一步行動之前告知並協商一致。
7. 我將尊重問卜者中途任何時候終止占卜的權利。
8. 我將視所有 ATA 成員擁有相同的權利和義務，並對他們表示尊重。

祝大家在這書的引導下能帶來成長！

2019 年 8 月
等待陽光的香港

你的八字 我的塔羅

作者
Brian Wong　夢璃

責任編輯
吳春暉

美術設計
Carol

排版
劉菓青

出版者
萬里機構出版有限公司
香港鰂魚涌英皇道1065號東達中心1305室
電話：2564 7511
傳真：2565 5539
電郵：info@wanlibk.com
網址：http://www.wanlibk.com
　　　http://www.facebook.com/wanlibk

發行者
香港聯合書刊物流有限公司
香港新界大埔汀麗路36號
中華商務印刷大廈3字樓
電話：2150 2100
傳真：2407 3062
電郵：info@suplogistics.com.hk

承印者
中華商務彩色印刷有限公司
香港新界大埔汀麗路36號

出版日期
二零一九年九月第一次印刷